中国交通运输职业教育集团"十三五"规划教材
高职公共基础课"十三五"创新教材

体育与健康
实践篇

中国交通运输职业教育集团组织编写

主　审◎翁慧根

主　编◎毛剑杨　苏　巍　黄　钢

副主编◎郭海静　范道芝　汪　旭　何　军
　　　　方　萍　邵晓春

参　编◎李文革　黄雅男　宋慧菁　李　丽
　　　　李岩飞　孟　鹏　张艳茹　施晓茂
　　　　侯魏麟　程伟强　陈国标　朱广龙
　　　　沈　军　郭　泉　陈　炜　宋禹宛圻

U0649509

大连海事大学出版社

ⓒ 毛剑杨　苏巍　黄钢　2020

图书在版编目(CIP)数据

体育与健康. 实践篇 / 毛剑杨,苏巍,黄钢主编
. -- 大连：大连海事大学出版社，2020.8(2023.8 重印)
ISBN 978-7-5632-3990-0

Ⅰ. ①体… Ⅱ. ①毛… ②苏… ③黄… Ⅲ. ①体育-
高等职业教育-教材②健康教育-高等职业教育-教材
Ⅳ. ①G807.4②G717.9

中国版本图书馆 CIP 数据核字(2020)第 148586 号

大连海事大学出版社出版

地址:大连市黄浦路523号　邮编:116026　电话:0411-84729665(营销部)　84729480(总编室)

http://press.dlmu.edu.cn　E-mail:dmupress@dlmu.edu.cn

大连金华光彩色印刷有限公司印装　　　　　大连海事大学出版社发行

2020 年 8 月第 1 版　　　　　　　　　　　2023 年 8 月第 5 次印刷
幅面尺寸:184 mm×260 mm　　　　　　　　印张:15
字数:365 千　　　　　　　　　　　　　　印数:17501～23500 册

出版人:刘明凯

责任编辑:刘长影　　　　　　　　　　　　责任校对:任芳芳
封面设计:张爱妮　　　　　　　　　　　　版式设计:张爱妮

ISBN 978-7-5632-3990-0　　　定价:38.00 元

前　言

　　体育教育是高职教育的重要环节，是高职院校文化教育的重要组成部分。高职体育是集大学生身体及心理健康教育、思政教育、科学文化教育于一体的一门必修课程，是实施素质教育的重要途径和载体。它是大学生学习掌握体育知识、体育技能，发展身体，增强体质，增进健康的教育活动，对提高学生规则意识、纪律意识、竞争意识，培养创新能力和健全学生人格等有着不可替代的作用。

　　随着高职教育改革的不断深化，高职院校体育教育改革和发展取得了前所未有的成就。党的十八大以来，党和国家越来越重视职业教育，也越来越重视学校体育。在2018年全国教育大会上，习近平同志对学校体育提出了要"享受乐趣、增强体质、健全人格、锤炼意志"的新时代要求。当前，高职院校体育工作应全面贯彻落实党的教育方针，坚持"健康第一"理念，围绕"立德树人"这一根本任务，为实现人的全面发展，聚焦人才质量，推进学校体育改革，彰显体育功能，为培养德智体美劳全面发展的社会主义高素质职业人才做出体育贡献。

　　高职院校体育教材是实现高职体育目标任务的重要载体。因此，编写科学的、可持续发展的、符合当前高职教育改革需要和大学生身心健康发展的体育教材，是高职院校体育深化改革和校园体育文化建设的一项重要任务。

　　为全面推进素质教育，加强高职院校体育课程建设，提高体育教育教学质量，江苏海事职业技术学院、上海交通职业技术学院、浙江交通职业技术学院等院校的有关人员，根据《国家职业教育改革和发展规划纲要》和教育部颁布的《全国普通高等院校体育课程教学指导纲要》的基本要求和精神，认真梳理和总结目前高职院校体育教学的现状，在遵循体育课程建设客观规律、广泛参考学习众多优秀教材的基础上，同时结合交通类院校学生专业特点和体育教学的实际需要共同编写了《体育与健康》系列教材。《体育与健康·实践篇》是根据高等职业学校体育课程教学指导纲要的要求，结合高职体育教育的理论以及近年来交通类高职院校体育教育的实践情况编写。本教材将体育与绿色生态有机结合，使人和自然环境和谐统一，遵循"身心合一"的现代体育教育观和学生身心特点、兴趣爱好，坚持健康第一、以人为本，力求突破以单纯"增强体质"为中心的传统教学模式，淡化运动技术教学，突出实用性原则，对部分运动技术进行了简化和重组，安排了现代体育项目和生态体育项目，充分体现现代体育多功能特征，使教材能满足学生不同兴趣爱好和社会需要，为学生"终身体育"奠定基础。为此，本教材分为大球运动、小球运动、武术与养生功法、形体健身运动、休闲运动、游泳运动、民间传统体育和冰雪运动等共八章。

本教材在编写和出版过程中，得到了中国交通运输职业教育集团、中国大学生体育协会职业院校体育工作委员会的关心和指导，江苏海事职业技术学院、上海交通职业技术学院、浙江交通职业技术学院等部分高职院校给予了大力支持，大连海事大学出版社也为本书的出版付出了辛勤劳动。在此，对所有关心、帮助、支持本书成稿、审定、校对、出版的单位和个人致以诚挚的谢意。本教材在编写过程中，参考了众多的书籍和文献资料，在此向相关作者致以真诚感谢！由于编写人员水平有限，难免有不妥和疏漏之处，望广大读者给予批评指正。

编者

2020 年 6 月

出版说明

新科技革命的蓬勃发展正加速带动产业转型升级，催生新的经济发展方式。这使得经济社会发展对劳动力市场中的人的知识和技能提出了更高要求，未来工作和生活所需要的人才不仅应具有高技能，还应该具有良好的职业素质和职业精神。

公共基础课是高职教育课程体系的重要组成部分，既承担着对学生基础能力和综合素质的培养任务，又可为学生的专业学习奠定基础，在促进人的全面发展、培养职业道德、提升综合素质和可持续发展能力等方面，均具有不可替代的地位和作用。切实发挥好公共基础课在人才培养过程中的基础性作用，是当前高职院校落实立德树人根本任务、创新教育教学育人模式和深化产教融合、提高人才培养质量的前提和基础。

教材建设对教育事业的改革发展和人才培养至关重要，为使高职公共基础课教材适应新技术、新形势的发展，与现行教学相匹配，中国交通运输职业教育集团主办，大连海事大学出版社承办，召开了高职院校公共基础课教材编写研讨会。此次编写研讨会得到了江苏航运职业技术学院、江苏海事职业技术学院、天津海运职业学院、浙江国际海运职业技术学院、浙江交通职业技术学院、上海交通职业技术学院、云南交通运输职业学院、大连航运职业技术学院等众多职业院校的积极响应和大力支持，在此对这些院校的领导及老师表示衷心的感谢。

在大连海事大学出版社前期对公共课教学、教材现状的充分调研和深入调查的基础上，在各职业院校近百位一线教学专家的精心打磨下，高职公共基础课"十三五"创新教材顺利出版。本系列教材具有如下特色：

（1）目标明确、针对性强。本系列教材围绕高职院校教学要求和课程标准进行编写，结合学科特点进行设计，既注重了公共基础课的基础性，又体现了职业教育公共基础课程的职业性。

（2）内容创新、与时俱进。从新时期高职公共基础课面临的新要求出发，在内容选择上注重素质、知识、能力、技能的创新结合，在掌握知识的基础上，又突出技能的培养。

（3）框架合理、适应性强。部分教材采用模块式编写体例，融入现代教育新理念，各模块间既各自独立又相互联系，主次分明又有机结合，具有较强的适应性。

（4）图文并茂、难度适中。文字语言通俗易懂，部分教材配有图片，知识性与趣味性并存，符合高职院校学生的心理特点。

（5）资源丰富、立体教学。部分教材有配套电子资源，扫描二维码即可下载资源，方便教师教学。

作为出版高校教材的大学出版社，我们继续精益求精、殚精竭虑，充分发挥出版人在知识传播中的桥梁和纽带作用，也欢迎广大师生能与出版社密切互动，有任何问题与建议及时反馈给我们，以使教材日后的修订臻于至善、创新不止，确保本系列教材的高水平使用。

目　录

第一章

大球运动

第一节　篮　球

篮球百科

一、篮球运动概述

（一）篮球运动的起源与发展

篮球运动起源于美国，于 1891 年由美国马萨诸塞州春田学院的体育教师詹姆斯·奈史密斯博士设计发明。其最初的形式是将桃篮钉在健身房内看台的栏杆上，并向桃篮投球的一种游戏。1932 年，国际业余篮球联合会在瑞士日内瓦成立。1936 年，男子篮球成为第 11 届奥运会正式比赛项目。1976 年，女子篮球成为第 21 届奥运会正式比赛项目。1989 年，国际篮联允许职业球员参加第 25 届奥运会比赛。

篮球运动于 1895 年传入中国，1913 年在华北运动会上被列为正式比赛项目。近年来，中国男子篮球队多次代表亚洲参加世界大赛。中国男子篮球在第 28 届奥运会和第 29 届奥运会上获得第 8 名；中国女子篮球在第 25 届奥运会上获得亚军，第 29 届奥运会上获得第 4 名。与世界篮球强国相比，我国的篮球运动水平仍有待进一步提高。

（二）主要赛事

1. 奥运会篮球赛

奥运会篮球比赛只设男女两个团体项目，各有金、银、铜 3 块奖牌。截至 2016 年，在过去的 19 届男子篮球和 11 届女子篮球奥运会比赛中，美国男篮共获得 15 次冠军（苏联获得 2 次冠军，南斯拉夫和阿根廷各获得 1 次冠军），美国女篮共获得 8 次冠军（苏联获得 2 次冠军，独联体获得 1 次冠军）。

2. 篮球世界杯

篮球世界杯是国际篮球联合会主办的世界最高水平的国际级篮球赛事，每四年举办一次。篮球世界杯的前身是从 1950 年开始举办的世界男子篮球锦标赛，2012 年 1 月国际篮联宣布男篮世锦赛更名为"篮球世界杯"。2014 年西班牙篮球世界杯是男篮世锦赛更名为"篮球世界杯"后举办的第 1 届世界杯。2019 年，北京、广州、南京、上海、武汉、深圳、佛山、东莞 8 个城市联合举办了国际篮联"篮球世界杯"。

（三）著名运动员介绍

1. 姚明

姚明，1980 年出生，美国男子篮球职业联赛（NBA）著名球员。他是中国篮球史上里程碑式的人物，曾效力于中国国家男子篮球队和 NBA 休斯敦火箭队，2011 年 7 月 20 日退役。姚明 7 次入选 NBA"全明星"，被美国《时代周刊》列入"世界最具影响力 100 人"，被国家体育总局授予"体育运动荣誉奖章"和"中国篮球杰出贡献奖"。姚明以高超的球技、顽强进取的精神、谦逊幽默的气质与人格魅力赢得了世界声誉，让世界对中国有了新的了解与认识，让更多的人关注和喜爱篮球。姚明成为东西方文化的桥梁，具有史无前例的个人影响力。姚明的意义与价值，超越了篮球运动和国界。

2. 易建联

易建联，1987 年出生，中国男子篮球职业联赛（CBA）著名球员。他于 2005 年成为 CBA 历史上最年轻的最有价值球员（简称 MVP），2007 年参加 NBA 选秀，被密尔沃基雄鹿队选中，2008 年转会至新泽西网队，2010 年转会至华盛顿奇才队，并在同年回到 CBA 广东宏远队效力，2012 年 1 月签约达拉斯小牛队，同年 9 月正式回归广东宏远队。2015 年 10 月 3 日，易建联等人带领的中国男篮在 2015 年男篮亚锦赛决赛中夺冠，并当选"2015 年中国十佳运动员"。2016 年 8 月，在里约热内卢奥运会上，易建联代表中国男篮参赛，场均上场 32.8 分钟，贡献 20.4 分。2020 年 6 月，易建联加冕 CBA 常规赛"篮板王"。

投篮之最

投篮命中率最高的运动员：美国加利福尼亚州圣约瑟城神投手纽曼，在 1975 年 5 月 31 日到 6 月 1 日的 24 小时内，连续投篮 13116 次，命中 12874 次，命中率高达 98.15%。1977 年 10 月 23 日，他在加利福尼亚州乔斯城中央青年会，蒙着眼睛进行罚球表演，命中率达到 80%，成为世界上投篮命中率最高的运动员。

二、篮球基本技术

（一）传接球

传接球是篮球比赛中队员之间有目的地转移球的一项基本技术，是组织进攻配合和实现战术的桥梁。

1. 持球

正确的持球姿势是一切传球技术动作的前提。持球时，双手自然分开，拇指相对，呈八字形，用指根以上部位握住球的两侧后下方，手心空出，两臂弯曲，肘关节下垂，持球于胸前。（见图 1-1-1）

图 1-1-1

2. 双手胸前传球

手臂伸向传球方向，后脚蹬地，身体重心前移，两手腕下压、外翻，快速地抖腕，手指拨球将球传出。出球后，手心和拇指向下，其余手指向前。（见图 1-1-2）

双手胸前传球

图 1-1-2

3. 单手肩上传球

以右手传球为例。传球前，右脚向前跨半步，向右转体将球引至右肩侧上方。传球时，上体向左转动并带动肩肘、前臂快速前摆，扣腕，手指拨球用力将球传出。（见图 1-1-3）

单手肩上传球

图 1-1-3

4. 单手胸前传球

单手胸前传球的持球方法与双手胸前传球相同。传球时，传球手的前臂快速前伸，手腕急促前扣，手腕、手指用力将球传出。（见图 1-1-4）

图 1-1-4

（二）投篮

投篮是篮球运动中的一项关键技术，是唯一的得分手段。队员多在移动中接球，利用假动作、时间差，或改变方向，或紧贴对手投篮。投篮应与突破、传球等技术相结合，投篮方式多、变化多、出手点高。

1. 原地双手胸前投篮

双手持球于胸前，肘关节自然下垂，上体稍前倾，两腿微屈。投篮时，两脚蹬地，腰腹伸展，两臂向前上方伸出，手腕同时外翻，最后用拇指、食指和中指将球投出。

2. 原地单手肩上投篮

以右手投篮为例。右手五指自然分开，向后伸腕、屈肘，持球于肩上；左手扶球，右脚在前，左脚在后，重心放在两腿之间，上体稍前倾，两腿微屈。投篮时，两脚用力蹬地，腰腹伸展从下向上发力，同时提肘且手臂向前上方充分伸展，最后通过食指、中指指端将球投出。球出手后，手腕前屈，手指向下。（见图 1-1-5）

原地双手胸前
投篮

原地单手肩上
投篮

图 1-1-5

3. 行进间单手高手投篮

以右手投篮为例。接球和运球上篮时，在右脚跨出一大步的同时，双手持球，左脚紧接着跨出一小步，用力蹬地起跳。当身体接近最高点时，右手手指向后，掌心向上，托球的下部向球篮方向伸臂，食指、中指以柔和的力量拨球，将球从指端投出。（见图 1-1-6）

行进间单手高手投篮

图 1-1-6

4. 行进间单手低手投篮

以右手投篮为例。接球和运球上篮时，在右脚跨出一大步的同时，双手持球，左脚紧接着跨出一小步，用力蹬地起跳，腾空时间要短。当身体接近最高点时，右手手指向前，掌心向上，托球的下部向上伸展。当接近篮筐时，食指、中指、无名指以柔和的力量向上拨球，将球从指端投出。（见图 1-1-7）

行进间单手低手投篮

图 1-1-7

5. 原地跳起单手肩上投篮

以右手投篮为例。投篮时屈膝降低重心，两脚掌用力蹬地向上起跳。同时双手举球至肩上，右手托球，左手扶球的左侧方。当身体接近最高点时，左手离球，右臂向前上方伸展，手腕用力前屈，通过食指、中指的力量将球投出。球出手后，手指、手腕自然前屈。落地时，屈膝缓冲。（见图1-1-8）

原地跳起单手肩上投篮

图 1-1-8

6. 急停跳起投篮

接球急停跳起投篮：移动中跳起腾空接球后，两脚同时或先后落地，脚尖对向篮筐，两膝弯曲，迅速跳起投篮，投篮出手动作同原地跳起单手肩上投篮。（见图1-1-9）

接球急停跳起投篮

图 1-1-9

运球急停跳起投篮：运球过程中及时降低重心，用跨步急停或跳步急停，持球屈膝跳起投篮，投篮出手动作同原地跳起单手肩上投篮。（见图1-1-10）

运球急停跳起投篮

图 1-1-10

（三）运球

持球队员在原地或移动中用单手连续按拍和迎引从地面反弹起来的球叫运球。运球是篮球比赛中个人控制球、支配球、突破防守的重要手段，是组织全队进攻配合的基础。

1.高运球

抬头，目视前方，上体稍前倾，以肘关节为轴，手按拍球的后上方，球的落点在身体的侧前方，球反弹高度在腰胸之间。

2.低运球

抬头，目视前方，两膝深屈，身体半蹲，重心下降，上体前倾，手按拍球的后上方，球的落点在身体侧面，球的反弹高度在膝关节以下。

高运球

低运球

3.运球急停急起

快速运球中运用两步急停，同时按拍球的前上方，用手臂、身体和腿保护球，目视前方。急起时，后脚（异侧脚）用力蹬地，上体迅速前倾，手按拍球的后上方，快速起动，加速超越对手。（见图1-1-11）

图1-1-11

（四）持球突破

持球突破是持球队员利用脚步动作与运球技术快速超越对手的一项攻击性很强的进攻技术。

1.原地持球交叉步突破技术

以左脚为中枢脚，从防守队员右侧突破。两脚左右开立，两膝微屈，持球于腹前，突破前，先做瞄篮或其他假动作。突破时，右脚内侧蹬地，并向左前方迈出一大步，上体左转，右肩向前下压，将球引至左侧，在左脚离地前，用左手推拍球于迈出脚的侧前方。同时，左脚用力蹬地，迅速超越对手。（见图1-1-12）

交叉步突破

图 1-1-12

2. 原地持球同侧步突破技术

以左脚为中枢脚，从防守队员右侧突破。准备姿势与原地持球交叉步突破相同。突破时，左脚内侧蹬地，右脚迅速向防守队员左侧跨出，上体稍右转，同时探肩，重心前移。在左脚离地前，用右手推拍球于右脚的侧前方。同时，左脚用力蹬地，加速超越对手。

同侧步突破

3. 跳步急停持球突破技术

跳步持球前，应根据自己与防守队员的位置、同伴的传球方向调整好准备姿势，向前或向侧面跳步急停。接球时，要向来球方向伸臂迎球。同时，用一脚蹬地，向前或向侧跃出，在空中接球（一般使用移动方向异侧脚），然后两脚前后或平行落地，两腿微屈，重心落在前脚掌上。根据防守队员的情况，用交叉步或同侧步超越。

（五）抢篮板球

篮球比赛中，抢篮板球是获得控球权的重要手段之一。一个球队对抢篮板球技术掌握得好坏对在比赛中的主动与被动、胜利与失败有着很重要的影响。抢篮板球的要点如下：

首先，当对方或同伴投篮时，必须想到可能不中的情况，要积极地拼抢篮板球；其次，防守时抢篮板球，必须把对手挡在外面。

挡人方法有以下两种：

（1）前转身挡人。当对手与你的距离稍远、动作很快时，用前转身挡人，前转身挡人比后转身快，但占据面积较小。

（2）后转身挡人（见图 1-1-13）。对方离你身体较近，为抢占较大面积，多用后转身挡人。后转身挡人应注意：①必须贴紧对方，最好用臀部、腰部顶住对方；②挡住人以后，稍停 1 秒，再冲到篮下去抢篮板球，因为中远距离投篮时，一般球在空中运行一两秒；③要冲到篮下抢占投篮方向的对面，因为球碰到篮圈后，有 70% 的概率反弹后落在对面。到篮下立即屈臂，随后两臂要张开，占据较大空间，全身要用力起跳。要求动作力量强，起跳迅速，即使被对方冲撞也不能失去平衡，仍然能跳起来。抢前场篮板球时，只要有一丝机会就要跳起来拼抢。只要手指触到球，就要用力抓紧、下拉，以便控制住球。在空中要观察同伴的接应情况，并抓住球，保护好球，将球举到头上，不要拿在胸前。落地同时要向边线一侧后转身，同时观察接应同伴所处的位置，以最快的速度一传。一传出手后，借后转身的动作把和自己争抢篮板球的对手挡在后面，立即起动快跑跟进，参与快攻。

图 1-1-13

三、篮球基本战术

（一）基本进攻配合

进攻配合是指队员之间有目的、有组织地协同作战的配合方法，运动员在场上相互协同、相互配合、制造机会，以达到进攻的目的。

1. 传切配合

传切配合是指进攻队员间利用传球和切入技术所组成的配合方法，主要包括一传一切和空切两种方式。

练习方法及操作：参加者分两组，A 组④传球给 B 组⑤后做向左切入的假动作，然后变向从右侧切入，⑤接球后回传给⑥，并做向底线下切入的假动作，然后变向从内侧横切，④切入后至 B 组的队尾，⑤至 A 组的队尾，依次进行练习。（见图 1-1-14）

要求：变向切入动作要快，切入过程中要侧身看球。

图 1-1-14

2. 突分配合

进攻者持球突破或运球突破对手后，遇到对方补防或"关门"时，及时将球传给空隙地带的同伴。这种在突破中区别情况及时传球给无人防守同伴的配合叫作突分配合。突分配合的要点是同伴之间要有良好的配合默契，突破者在突破过程中要注意观察攻守队员的位置变化，既要做好投篮准备，又能在遇到对方补防时巧妙地分球给同伴投篮。

练习方法及操作：学生分两组，开始时A组④持球突破，在突破中跳起分球传向两侧移动的B组⑦，⑦在接球后示意投篮动作，然后传球给⑤，⑤接球后切入底线或内侧突破，跳起传球给接应的⑧，④到B组的队尾，⑦到A组的队尾。练习一定次数后，改换从左边突破分球练习。（见图1-1-15）

图1-1-15

3. 掩护配合

掩护配合是指进攻者以合理的行动，用身体挡住防守者的路线，为同伴摆脱防守，创造接球和投篮机会的一种配合方法。

练习方法及操作：学生分两组，教师站在A组④身前做防守，⑥跑到侧后方给④做掩护，④先做向左跨步切入假动作，待⑥做好掩护后，及时向另一侧切入，⑥适时地后转身跟进。二人互换位置，轮流进行练习。（见图1-1-16）

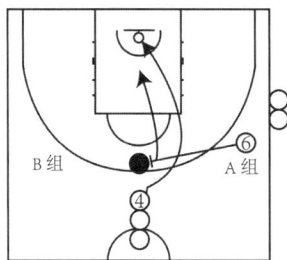

图1-1-16

（二）基本防守配合

基本防守配合是指防守队员之间为了破坏对手的进攻配合，或当同伴出现防守困难时及时相互协作和帮助的行动方法，主要有关门配合、穿过配合、挤过配合和交换防守配合等。

1. 关门配合

"关门"是 2 名防守队员靠拢协同防守突破的配合方法。如图 1-1-17 所示，当⑤从正面突破时，❹❺或❻❺进行关门配合。

关门配合的要求：防守队员应积极堵截进攻者的突破路线，临近突破一侧的防守队员要及时向同伴靠拢进行"关门"，不给突破者留有通过的空隙。关门配合也常运用于区域联防。

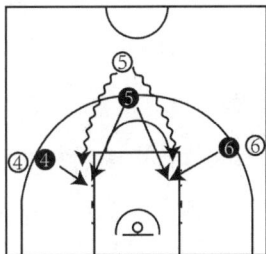

图 1-1-17

2. 穿过配合

穿过配合是破坏掩护配合、及时防住对手的一种配合。当进攻队员进行掩护时，防守去做掩护的队员要及时提醒同伴并主动后撤一步，让同伴及时从自己和掩护队员之间穿过，以便继续防住各自的对手。

穿过配合的要求：防守掩护队员的队员及时提醒同伴并主动让路，穿过队员要迅速穿过，并调整防守位置和距离。穿过配合，常在无投篮威胁时运用。

3. 挤过配合

对方采用掩护进攻时，防守队员为了破坏对方的掩护配合，在掩护者临近的一刹那，防守者主动靠近自己的对手，并从两个进攻者之间挤过去，从而防住自己的对手。

4. 交换防守配合

交换防守配合是指破坏对手掩护配合时，防守队员之间及时地互换防守对象的一种配合方法。

穿过、挤过、交换防守配合练习方法：3 对 3 徒手练习。根据教师要求练习穿过、挤过和交换防守配合。

第二节 足 球

一、足球运动概述

足球百科

（一）足球运动的起源与发展

足球运动是一项古老而富有魅力的体育运动，它的历史源远流长。根据历史记载，我国古代的蹴鞠，又称踏鞠，是一种"足球"游戏，最早记载于《战国策·齐策》。两汉三国时期，蹴鞠在承袭先秦形式的基础上发展得较快。唐、宋、元、明、清继承和发展了蹴鞠运动。它不仅是一种娱乐活动，也作为军事训练的一项内容而存在。2004年7月15日，时任国际足联主席布拉特宣布，中国是足球的故乡，足球最早起源于山东省淄博市的临淄；2005年5月21日，布拉特在国际足联总部向淄博临淄颁发了足球起源地认定证书。

现代足球诞生在英国。1857年，英国谢菲尔德成立了世界第一个足球俱乐部——谢菲尔德俱乐部。1863年10月26日，英国足球协会成立，标志着现代足球的正式形成，足球从此在欧洲得到普及开展。1908年第4届现代奥运会举行时，足球就被列为正式比赛项目。1928年奥运会结束后，国际足联召开代表会，决定每四年举办一次世界足球锦标赛（后更名为"世界杯足球赛"）。这对世界足球运动的发展起到了推动作用。1930年7月13日，第1届世界杯足球赛在乌拉圭首都蒙得维的亚中央体育场开幕，开辟了世界足球的新纪元。

20世纪50年代至60年代初，我国的足球运动水平有了大幅度的提高，并在亚洲处于领先地位，与欧美强国比赛有了一定的抗衡能力。1976年，国家体委重新召开了全国足球工作会议，恢复了全国甲乙级联赛制度和青少年联赛制度，使我国的足球运动水平快速回升。特别是1994年开始实行中国足球职业联赛，共有23支俱乐部球队参加甲A、甲B的联赛，实行升降级制度，使我国的足球运动步入了职业化的道路，更好地与国际足球接轨。在职业化的推动下，2002年的第17届世界杯，中国男子国家足球队首次打入了世界杯的决赛圈，冲出亚洲，走向了世界。

（二）主要赛事

1.世界杯男子足球比赛

最初该项比赛叫作世界足球锦标赛，1956年更名为"世界杯足球赛"，每四年举行一届。1971 年，国际足联重新制作新的奖杯，命名为"国际足联世界杯"。截至 2016 年，世界杯足球赛已经举办了 21 届（1942 年和 1946 年因第二次世界大战而中断）。

2. 奥运会足球比赛

此项赛事每四年举行一届，属于奥运会比赛中的单项赛事。最早规定，参加奥运会比赛的运动员必须是业余选手；1988 年，国际足联执委会决定，允许每支参加奥运会足球决赛的球队中有 3 名超过 23 岁的队员。1996 年，第 26 届奥运会首次将女子足球列为正式比赛项目。

3. 欧洲足球锦标赛

欧洲足球锦标赛，也称欧洲杯，是一项由欧洲足球联合会举办，欧洲足协成员国参加的最高级别国家级足球赛事。1960 年举行第 1 届，其后每四年举行一届，至 2016 年已举办了 15 届。赛事创办时名称为欧洲国家杯（European Nations Cup），后于 1968 年更名为欧洲足球锦标赛（European Football Championship）。此项赛事最初的目的是填补两届世界杯之间 4 年的空白，从而让欧洲各国有更多的比赛机会。

（三）著名运动员介绍

1. 李铁

李铁，1977 年出生于辽宁，2001 年入选国家队，参加了世界杯亚洲区小组赛和十强赛，以及 2002 年韩日世界杯赛；2002—2003 赛季前往英国埃弗顿俱乐部效力，租借期满后完成了永久转会，并在埃弗顿效力了四个赛季；2006 年转会到谢菲尔德联队，效力了两个赛季；2008 年回国加盟成都谢菲联队；2012 年 5 月，任广州恒大足球俱乐部助理教练；2013 年，协助里皮率领广州恒大足球俱乐部夺得亚洲冠军联赛冠军；2014 年，担任中国国家男子足球队助理教练，后为武汉卓尔俱乐部主教练；现任中国国家男子足球队主教练。

2. 邵佳一

邵佳一，1980 年出生，中国职业足球运动员，司职前卫；曾效力过德国足球联赛的慕尼黑 1860 足球俱乐部、科特布斯足球俱乐部和杜伊斯堡足球俱乐部，被德国媒体誉为"亚洲金左脚"。2012 年，邵佳一以自由转会的方式回到北京国安。2015 年 10 月 29 日，邵佳一宣布退役。自 2000 年至 2010 年，邵佳一共为中国国家男子足球队出场 40 次，攻入 7 粒进球，随队参加过 2002 年韩日世界杯以及 2004 年和 2007 年亚洲杯等赛事。

二、足球基本技术

足球技术是运动员在足球比赛中所采用的合理行动和动作方法的总和，主要包括：踢球、停球、头顶球、抢截球、假动作、掷界外球和守门员技术。

（一）踢球

踢球动作一般是由助跑、支撑脚站位、踢球腿的摆动、踢球脚的触球部位和踢球后的随摆等要素组成。

1. 脚内侧踢球

脚内侧踢球常用于踢定位球、直接踢各方向来的地滚球和空中球，也可以用脚内侧蹭球。

直线助跑，支撑脚落在球的侧后方15厘米左右，膝关节微屈，踢球腿以髋关节为轴，膝外转约90°角，脚尖翘起与地面平行，同时踢球脚不得高过球，由后向前摆动，用脚内侧（三角面）触球的后中部（见图1-2-1）。踢空中来球时，大腿抬起，小腿拖后，脚内侧对准出球方向，利用小腿的向前摆动平敲击球的后中部。

脚内侧踢球

图 1-2-1

2. 脚背内侧踢球

脚背内侧踢球用于踢定位球、踢过顶球、远距离传射和转身踢球。

助跑与出球方向成90°角。支撑脚的脚掌外沿积极踏在球的侧后方25～30厘米处，膝弯曲，支撑脚的脚尖指向出球方向，并踏在球的横轴（与出球方向呈垂直的轴）的延长线上，身体向支撑脚一侧稍倾斜。在支撑脚着地的同时，踢球腿以髋关节为轴，以大腿带动小腿由后向前挥摆。当身体转向出球方向、膝盖大约摆至球的正上方时，小腿加速前摆，脚尖稍外转并下压，以脚背的内侧踢球的后中部。踢球后，摆动腿继续向出球方向摆动。（见图1-2-2）

脚背内侧踢球

图 1-2-2

转身踢球时，在助跑的最后一步蹬离地面时，身体转向出球方向。支撑脚以脚掌外沿着地，脚尖指向出球方向，上体侧前倾，膝弯曲，后面的动作与脚背内侧踢球相同。

3. 脚背外侧踢球

脚背外侧踢球用于踢定位球、弧线球和弹拨球等。

助跑、支撑脚的位置和踢球脚的摆动，基本上与脚背正面踢球相同，只是用脚背外侧接触球。在踢球腿膝盖大约摆至球的正上方时，小腿加速前摆的一刹那，膝盖与脚尖内转，脚面绷直，脚趾扣紧，以脚背外侧踢球的后中部。踢球后腿继续前摆。（见图1-2-3）

脚背外侧踢球

图 1-2-3

（二）运球

1. 脚背正面运球

脚背正面运球常用于快速前进。

跑动时，身体自然放松，上体稍前倾，两臂自然摆动，步幅不宜过大。运球脚脚跟提起，趾尖下压，用脚背正面推拨球前进。（见图1-2-4）

脚背正面运球

图 1-2-4

2. 脚背外侧运球

脚背外侧运球用于快速奔跑和向外改变方向。与脚背正面运球相似，不同的是运球脚的脚尖稍内转，用脚背外侧触球。

脚背外侧运球

3. 脚背内侧运球

脚背内侧运球用于变向和用身体掩护球。

跑动时，身体自然放松，步幅不宜过大，上体稍前倾并向运球方向转动。运球脚提起时，膝关节微屈，脚跟提起，脚尖稍外转。在迈步前伸着地前，用脚背内侧推拨球。

脚背内侧运球

4. 脚内侧运球

脚内侧运球是运球技术中最慢的一种运球方法，常结合身体掩护球使用。运球时，支撑脚向前跨出一步，踏在球的前侧方，膝关节微屈，上体稍前倾并向内转。随着身体向前移动，运球脚提起，用脚内侧推球的后中部。

脚内侧运球

（三）停球

停球是指队员有目的地用身体的合理部位，把运行中的球停到或接到所需要的控制范围内。停球不是目的，而是为了更好地理顺球，使之为传球、运球、过人和射门服务。

1. 脚内侧停球

脚内侧停球易掌握，触球的面积大易停稳，便于变向和结合下一个动作，多用于停地滚球、停反弹球和停空中球。

（1）停地滚球：支撑脚正对来球路线，微屈膝，停球脚膝外转并前迎。在球与脚接触前的一刹那开始后撤，在后撤过程中用脚内侧接触球，把球停在需要的位置上。（见图1-2-5）

（2）停反弹球：支撑脚踏在球的落点的侧前方，微屈膝，上体稍前倾并向停球脚方向微转，同时停球脚提起并放松，用脚内侧对准球的反弹路线。当球落地反弹刚离地时，用脚内侧触球的中上部。（见图1-2-6）

图 1-2-5   图 1-2-6

（3）停空中球：一种方法是根据来球的高度，将停球脚举起，脚内侧对准来球路线，在脚与球接触前的一刹那开始后撤。在后撤过程中用脚内侧接触球，把球控制在下个动作需要的地方（见图1-2-7）；另一种方法是将脚提起，稍高于选择的停球点，在脚与球接触前的一刹那用脚内侧切球的侧上部，把球停在地面。用切压法停球往往不稳，需要及时调整。

图 1-2-7

2. 脚底停球

脚底停球用于停地滚球和停反弹球。

（1）停地滚球：支撑脚站在球的侧后方，微屈膝，脚尖正对来球路线，同时将停球脚提起，膝关节自然弯曲，脚尖翘起，脚跟不得高于球，踝关节放松，用前脚掌触球的中上部。（见图 1-2-8）

图 1-2-8

脚底停地滚球

（2）停反弹球：支撑脚踏在球落点的侧后方。在球着地的一刹那，用前脚掌对准球的反弹路线，触球的中上部。

脚底停反弹球

3. 胸部停球

胸部面积较大，有弹性，位置高，能停高球和空中平球。胸部停球有收胸式停球和挺胸式停球两种。

（1）收胸式停球：一般用来停胸部高度的平直球。停球时，面对来球，两脚开立，两臂自然张开，挺胸迎球。在球与胸部接触前的一刹那，迅速收胸、耸肩、收腹，缓冲来球力量，将球停在身前，如果要把球停向左（右）侧时，则在接触球的同时向左（右）侧转体，并用同侧肌肉触球。（见图 1-2-9）

（2）挺胸式停球：一般用于停高于胸部的下落球。停球时，面对来球，两脚开立，两膝微屈，正对来球，在球与胸部接触前的一刹那，收下颌，挺胸，上体后仰呈反弓形，以缓冲来球力量，使球弹起再落于身前。（见图 1-2-10）

挺胸式停球

图 1-2-9    图 1-2-10

（四）头顶球

头顶球是争取时间和取得空中优势的主要技术，在攻防中都起着重要作用。头顶球可分为前额正面顶球和前额侧面（额侧）顶球两种。这两种部位都可以原地、跳起和鱼跃顶球。

1. 前额正面顶球

身体正对来球方向，两脚开立，膝关节微屈，上体后仰，两臂自然分开，两眼注视来球。在球运行到与身体垂直部位前的一刹那，脚用力蹬地，收腹，身体迅速前摆。当球运行到与身体垂直部位时，颈部收紧，收颔甩头，用前额正面顶球的后中部，然后上体随球继续前摆。（见图 1-2-11）

图 1-2-11

2. 前额侧面顶球

两脚前后开立，两膝微屈，上体和头部稍向出球方向异侧转动，身体重心放在后脚上，两臂自然张开，双眼注视来球，头部触球时，后脚用力蹬地，上体迅速向出球方向扭转，同时甩头，当球运行到与出球方向同侧肩的前上方时，用额侧部击球的后中部。

（五）抢截球

抢球是把对方控制的或将要控制的球抢过来或破坏掉。截球是将对方队员传出的球堵截住或破坏掉。

1. 正面抢截球

正面抢截球有正面跨步抢截球和正面铲球。

（1）正面跨步抢截球：两脚前后开立，双膝微屈，身体重心下降，重心落在两只脚之间，面向对手。对手运球前进，当脚触球即将着地或刚着地时，一脚用力蹬地，抢球脚以脚内侧正对球并向球跨出一步，膝关节弯曲，上体前倾，身体重心移至抢球脚上，另一只脚立即前跨成支撑脚。如果双方的脚同时触球，则要顺势向上提拉，使球从对方的脚背滚过。身体要迅速跟上，把球控制住。（见图1-2-12）

（2）正面铲球：两脚前后开立，两膝微屈，身体重心下降，重心落在两只脚之间，面向对手。对手运球前进，在脚触球的一刹那，一脚用力后蹬，另一脚前伸，然后将球踢出。

2. 侧后脚铲球

铲球是抢截技术中难度较大的技术动作。侧后铲球有同侧脚铲球和异侧脚铲球。

图 1-2-12

（1）同侧脚铲球：在控球者拨出球的一刹那，抢球者的后脚用力后蹬成跨步，前脚（同侧脚）以脚外侧沿地面向前外侧滑出，用脚背或脚尖将球踢出或捅出。小腿外侧、大腿外侧和臀部依次着地。

（2）异侧脚铲球：在控制球者拨出球的一刹那，抢球者后脚（同侧脚）用力后蹬成跨步，前脚（异侧脚）以脚外侧沿地面向前内侧滑出，用脚底将球蹬出去。小腿外侧、大腿外侧和臀部依次着地。

（六）掷界外球

掷界外球不受越位限制，是组织进攻的良好机会，如果掷球既远又准就能加快进攻速度。

1. 原地掷界外球

面对出球方向，两脚前后（左右）开立，双膝弯曲，上体后仰成背弓，重心移到后脚上（左右开立时，重心在两脚间），两手自然张开，拇指相对，呈八字形，持球侧后部，屈肘将球置于头后。掷球时，后脚用力蹬地，两腿迅速伸直，身体重心由后脚移到前脚，收腹屈体，同时两臂急速前摆，当摆到头上时用力甩腕将球掷入场内。掷球时，后脚可沿地面滑动向前，两脚均不可离地或踏入场内（但允许踏在线上）。（见图1-2-13）

原地掷界外球

图 1-2-13

2. 助跑掷界外球

双手持球于胸前，在助跑迈出最后一步时，上体后仰成背弓，同时将球举至头后。掷球时的动作及脚的位置与原地掷界外球相同。

助跑掷界外球

三、足球基本战术

队员个人的摆脱与跑位、带球过人、选位与盯人、传球以及二过一配合都是构成复杂战术的基本因素，称为基本战术。

（一）个人战术

1. 无球的摆脱和跑位

当本方队员得球时，同队其他队员的任务就是摆脱对方的防守，从而创造传球的机会，以便把进攻推向对方球门，争取射门得分。

2. 带球过人

带球过人是进攻战术中一种极为重要的个人战术，是突破密集防守的有效手段，可打破紧逼盯人、刹那间在局部地区造成以多打少的局面，是打乱对方防守部署的锐利武器。

（二）局部战术

局部战术是指在一定的区域里进行的小范围战术配合。

1. 斜传直插二过一

斜传直插二过一是只通过一次传球和穿插就越过一名防守队员，配合十分简捷和实用。在进行配合时，两名进攻队员要保持适当的距离，控球队员可采用运球或其他动作，诱使防守者上前阻截，插入的队员必须突然、快速地起动，但应避免越位。

2. 直传斜插二过一

同斜传直插二过一。

3. 踢墙式二过一

踢墙式二过一是两名进攻队员通过两次传球越过一名防守队员的配合方法。

4. 回传反切二过一

回传反切二过一是通过三次传球组成的配合方法。

5. 交叉掩护二过一

交叉掩护二过一是两名进攻队员通过运球与身体动作的掩护越过一名防守队员的配合方法。

盯人防守技巧

1. 首先力争抢断传球，但不能盲目出击。

2. 对手得球时，紧逼对手，不让其转过身来。

3. 对手控球时，要防控球者的传球和突破。有效的办法是不受假动作的诱骗而轻易失去自己身体的平衡。

4. 把对手往边线上赶，即使进攻队员突破防守后，射门的角度也较小。同时，同伴也易补位。

第三节 排 球

一、排球运动概述

排球百科

（一）排球运动的起源与发展

排球运动始于 1895 年，由美国马萨诸塞州霍利奥克城的威廉·摩根发明。排球最初是一种消遣游戏，后来由美国的传教士和驻外军官及士兵带到了世界各地。1905 年排球传入中国。排球比赛先后经历了十六人制、十二人制、九人制和六人制的演变。1964年，第 18 届奥运会把排球列为正式比赛项目。

排球运动世界大赛主要有世界锦标赛、世界杯赛、奥运会排球赛、世界沙滩排球锦标赛、残奥会排球赛。中国女排在 20 世纪 80 年代夺得"五连冠"，极大地鼓舞了全国人民的民族精神，也极大地激发了全民学排球的热情，在全国形成了轰轰烈烈的排球热潮。后来中国女排陷入了低谷，直到陈忠和带领中国女排再次获得三连冠，并取得了 2004 年雅典奥运会的冠军，重新激发了人们对排球的热情。2016年里约热内卢奥运会，中国女排第三次获得奥运会冠军。

排球运动发展至今，各国的排球技战术水平不断提高，一支队伍独霸排坛的历史已经不复存在了。以大家熟悉的女排为例，古巴、巴西、意大利、中国、美国、德国等世界强队水平已没有绝对的优势可言，只有不断创新技战术才能有更好的成绩。

（二）主要赛事

1. 奥运会排球赛

1964年，排球运动首次亮相东京奥运会赛场，有10支男队和6支女队参加了比赛。至2016年里约热内卢奥运会，排球运动进入奥运会这个神圣的殿堂已有52个年头，奥运会排球比赛的规模已发展到男、女各12支队伍。

2. 世界排球锦标赛

世界排球锦标赛是由世界排球联合会主办的国际排球比赛，是最早的、规模最大的世界性排球比赛，每四年举行一届，受到各国普遍重视。第1届世界排球锦标赛始于1949年，最初只有男子比赛，女子比赛始于1952年。世界排球锦标赛原与奥运会同年举行，1962年起改在奥运会后第2年举行（女子第5届除外）。冠军获得者可直接参加下届奥运会。

3. 世界杯排球赛

世界杯排球赛每四年举行一次，举办地点自1977年起固定在日本，也叫"日本杯"排球赛。男子比赛始于1965年，女子比赛始于1973年。世界杯是由全球高水平的男、女球队参加的国际性的排球比赛，从1991年被改为在奥运会的前一年举行，相当于奥运会的资格赛，获得前三名的队伍取得直接进入奥运会的资格。

（三）著名运动员介绍

1. 郎平

郎平，1960年出生，中国女排国家队著名运动员，凭借强劲而精确的扣杀赢得"铁榔头"的绰号。她曾入选中国体育劳伦斯奖第2届（1980年）十佳名单，退役后担任教练，曾率中国女排夺得1996年美国亚特兰大奥运会女排亚军；2012年3月3日，在2011—2012赛季全国女排联赛决赛中，带领广东恒大女排2∶0战胜上海女排夺得冠军；2016年里约奥运会，率领中国女排夺得冠军。

2. 朱婷

朱婷，1994年出生，现任中国女排国家队队长，2010年进入中国女子排球少年队；2012年进入中国女子排球青年队；2013年带领国青队时隔18年重夺世青赛冠军，荣膺最佳得分、最佳扣球以及MVP三项大奖，首次入选国家队。2015年女排世界杯，中国女排时隔 11 年再获冠军，朱婷首次获得三大赛 MVP 称号。2016 年里约热内卢奥运会上，中国女排时隔 12 年再获奥运冠军，朱婷加冕里约热内卢奥运会女排 MVP 与"最佳主攻"称号。2017 年 6 月，朱婷正式出任中国女排队长。2017 年 9 月 10 日，中国女排时隔 16 年再次获得女排大冠军杯冠军，朱婷作为中国队的第一主攻，获得 MVP 与"最佳主攻"称号。

二、排球基本技术

（一）准备姿势与移动

1. 准备姿势

上体自然前倾，可稍蹲、半蹲和低蹲，两臂自然放松置于腹前，重心稍靠前；全身肌肉适当放松。

准备姿势

2. 移动

常用的主要移动步法有并步、跨步、交叉步、滑步和跑步等。要求：做好准备姿势，及时判断来球性质，快速移动，移动中身体重心起伏不能太大，以免影响移动速度。

移动

（二）传球

传球一般可分为正面传球、背传球、侧传球、跳传球等。下面主要介绍正面传球和二传球的动作技术方法。

传球

1. 正面传球

（1）准备姿势：以稍蹲姿势面对来球，两手自然抬起，放松，置于脸前。（见图 1-3-1）

图 1-3-1

（2）正面传球的基本技术：当球下降至额前时，蹬地伸膝，伸臂，两手向前上方迎击来球。击球点在额前上方一球距离处，有利于看准来球和控制传球方向。两手自然张开呈半球形，两拇指相对呈一字形，用拇指内侧、食指全部、中指二三指节触球，无

名指和小指辅助控制传球方向。传球用力的顺序是：蹬地—伸膝—伸腰—手指、手腕屈伸。（见图 1-3-2）

图 1-3-2

2. 二传球

在组织进攻中，第二次击球称为二传球，是一种转方向传球技术。二传球的质量直接关系到组织进攻和战术的实现。二传球可分为背向二传球、顺网二传球、调整二传球和跳起二传球等。（见图 1-3-3）

图 1-3-3

（三）垫球

垫球主要用于接发球和接扣球。在比赛中，垫球是争取多得分、少失分，由被动变主动的重要技术，是稳定队员情绪、鼓舞队员士气的重要手段。垫球可分为正面垫球、移动垫球、侧面垫球、跨步垫球、变方向垫球、背垫球、单手垫球和挡球等。正面垫球是最基本的一种垫球技术。

1. 准备姿势

两脚开立，稍比肩宽。垫球手型主要有抱拳互握式、叠掌式和互靠式等。（见图 1-3-4）

垫球

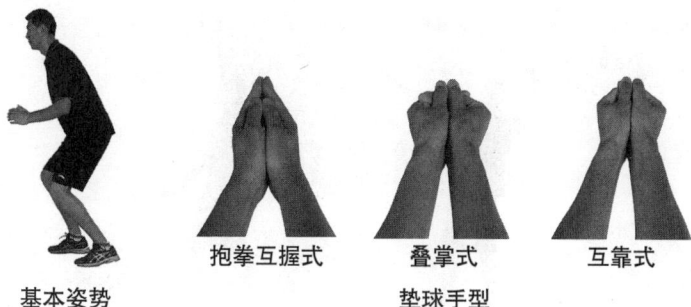

抱拳互握式　　叠掌式　　互靠式
基本姿势　　　　垫球手型

图1-3-4

2. 垫球的基本技术

看准来球，两臂夹紧前伸，插到球下，用前臂腕关节以上10厘米左右的地方两臂桡骨内侧形成的平面击球的下部。向前上方蹬地抬臂，迎击来球，使插、夹、抬、蹬连贯完成，灵活控制传球方向和力量。手臂角度：垫球手臂与地面所形成的夹角，对控制球的方向、弧度、落点影响很大。一般来说，来球弧度高，手臂与地面的夹角应该小些；来球弧度平，手臂与地面的夹角应该大些。（见图1-3-5）

图1-3-5

（四）发球

发球是比赛的开始，也是进攻的开始。准确而有攻击性的发球，不仅可以得分，而且还可以破坏对方的战术组合。因此，发球既要有准确性，又要有攻击性。发球可分为正面上手发球、正面下手发球、侧面下手发球、勾手发球、高吊发球和勾手大力发球等。下面主要介绍前四种发球。

1. 正面上手发球

（1）准备姿势：正对球网，两脚自然开立，左脚在前，左手托球于体前。

（2）正面上手发球的基本技术：左手用掌平稳而准确地将球抛在体前右肩前上方，高度约为50厘米。同时，右臂抬起，屈肘后引，肘略高于肩，上体稍向后仰。五指并拢，指尖朝上，手腕稍后仰保持一定的紧张，眼睛注视球体。右脚蹬地使重心前移，以收腹、屈体迅速带动手臂挥动。挥臂呈直线，在右肩前上方，用手掌坚硬部位击球的后下部。击球后便可迅速入场。（见图1-3-6）

正面上手发球

25

图 1-3-6

2. 正面下手发球

下手发球动作技术简单，是学习发球的入门技术。

（1）准备姿势：以右手发球为例（下同）。正对球网，左脚在前，两膝微屈，左手持球于胸前，右手自然下垂，目视前方。

（2）正面下手发球的基本技术：左手将球在身体右侧抛起，高度约为 20 厘米，抛球时，身体重心后移，同时右手后摆。右脚蹬地，身体重心前移，右臂伸直，以肩为轴向前摆至腹前，用掌根击球的后下部。击球后，随着击球动作身体重心前移，迅速进入场地。（见图 1-3-7）

正面下手发球

图 1-3-7

3. 侧面下手发球

（1）准备姿势：左肩对网，两脚开立。

（2）侧面下手发球的基本技术：左手抛球于胸前一臂之远，离手高度约为 30 厘米。在抛球的同时，右臂摆至右侧后下方，接着右脚蹬地向左转体，带动右臂向前上方摆动，在腹前以全掌击球的右下方。随着击球动作完成，迅速进入场地。

4. 勾手发球

勾手发球所发出的球不旋转而在空中飘晃不定，具有很强的攻击性。发球队员由于采用侧面站立，可充分利用腰部扭转带动手臂加速挥动。这种发球比较省力，肩关节负担比较小，因而适用于远距离发飘球。

（1）准备姿势：侧对球网，两脚开立，左手持球于胸前。

（2）勾手发球的基本技术：左手用托送方法，抛球于左前上方约一臂之高，右手向后下方摆动。击球时，右脚蹬地，上体向左转动发力，带动右臂加速挥动。挥动时，右臂伸直，在右肩的左上方用掌根或半握拳击球的中下部。击球时，有突停动作。（见图1-3-8）

图 1-3-8

（五）正面扣球

扣球是排球基本技术中攻击性最强的一项技术。它在比赛中占有重要地位，是得分、得发球权的主要手段，也是进攻中最积极有效的武器。

1. 准备姿势

一般站在距离球网 3 米左右处，两肩自然下垂，稍蹲，眼睛注视来球。

2. 正面扣球的基本技术

助跑时，助跑的方向、速度和步数由二传来球的方向、速度和弧度决定。助跑时可采用一步、两步或三步助跑。助跑最后一步脚的落地就是起跳的开始，在踏跳脚着地的瞬间，手臂摆至身体侧后方并开始向前摆动。当两腿弯曲至最深时，手臂摆至体侧，而后随蹬直的两腿向上画弧上摆，两脚迅速趴地，两膝猛伸，向上跳起。（见图1-3-9）

图 1-3-9

起跳后，挺胸展腹，上体稍向右转，右肩向上方抬起，身体呈反弓形。挥臂时，以迅速转体、收腹动作发力，依次带动肩、肘、腕各关节呈鞭甩动作向前上方弧形挥动，在右肩前上方最高点击球。击球时，提肩、伸臂，五指微张，以全掌包满球，击球的后中部，力量通过球心，手腕有推压动作，使球向前下方旋转飞行。空中完成击球后，身体自然下落，尽量让两脚的前脚掌先着地，以缓冲身体与地面的撞击力，落下时保持平衡。（见图1-3-10）

图 1-3-10

（六）拦网

拦网是在网前跳起用双手阻拦对方的扣球，它既是防守技术，又是进攻手段。拦网是防守的第一道防线，是反攻的重要环节。

1. 准备姿势

身体正对球网，两脚平行开立，约与肩同宽，两手自然置于胸前。

2. 单人拦网的基本技术

将身体重心移动到拦网位置后立即制动，使身体正对球网起跳，或跳起后在空中使身体转向球网。起跳时，膝关节弯曲，两脚用力蹬地，两臂在体侧画小弧用力上摆，带动身体向上垂直跳起。起跳后稍收腹，控制平衡。两手从额前贴近并平行球网向网上沿的前上方伸出，两臂伸直，两肩尽量上提。拦击时，两手尽量伸向对方上空，接近球，两手自然张开，屈指、屈腕呈勺形。当手触球时，两手要突然屈腕，用力捂盖在球的前上方。拦网后自然落回地面，落地时屈膝缓冲。（见图1-3-11）

拦网

图 1-3-11

三、排球基本战术

（一）阵型配备

排球阵型配备是排球战术运用的基础，阵型配备应最大限度地符合本方队员的特点，根据队员特点合理搭配，同时还要考虑对方的情况。

1. "四二"配备

"四二"配备是2名二传手和4名进攻队员的阵容。4名进攻队员分为2名主攻和2名副攻。"四二"配备常被中等水平的球队采用，2名二传手分别在前后排站立，便于接应传球。

2. "五一"配备

"五一"配备是1名二传手和5名进攻队员的阵容。5名进攻队员分为2名主攻、2名副攻和在二传手对角的接应二传的队员。由于目前比赛中引入了自由人，"五一"配备更加灵活。这种战术配备对二传手要求较高，一般被中高水平的球队采用。

3. "三三"配备

"三三"配备是3名传球队员和3名进攻队员间隔站立，使每一轮都有传有扣。这种配备常被初学者采用。

（二）排球进攻战术

1. "中一二"进攻

前排3个人中1人在3号位做二传，将球传给2号位、4号位进攻。二传在2号位、4号位时，球发出后可以置换到3号位，这种情况称为"边一二"换"中一二"或"反边一二"换"中一二"。这种进攻简单、便于组织。

2. "边一二"进攻

前排3个人中2号位做二传，将球传给3号位、4号位进攻。二传在3号位、4号位时，在球发出后可以置换到2号位。这种方式对右手扣球队员比较顺手，而左手扣球队员比较别扭，一传如果传偏到4号位，则很难接应。

（三）排球防守战术

1. 接发球的站位阵型

接发球的阵型，既要利于接球，也要利于本方进攻，同时要注意对方发球的特点。

（1）5人接发球

除1名二传手在网前站立或后排插上外，其余5名队员均担负起一传的任务，通常为"三二"站位。其优点是便于队员均衡分布，缺点是二传插上距离较远或者进攻变化较少。

（2）4人接发球

二传手和上快球队员站在网前不接发球，后场4人呈一字形或弧线站立。这种方式便于二传传球和进攻跑动，但容易造成空心，对队员接发球判断和移动要求高，一般用来针对发球较差的对手。

排球战术四攻系统

在排球战术中，攻防是一个事物不可分割的两个方面，因此，排球战术可根据对方进攻来球的不同，将排球比赛中个人与集体、进攻与防守的战术行为划分为四大战术系统，即四攻战术系统：接发球进攻系统（简称"一攻"）、接扣球进攻系统（简称"防反"）、接拦回球进攻系统（简称"保攻"）和接推吊球进攻系统（简称"推攻"）。

---

2. 防守阵型

（1）不拦网的防守阵型

在没有拦网必要时，二传手在网前，既可以接网前球，又可以组织进攻。前排队员后撤，准备防守和进攻。

（2）单人拦网的防守阵型

此阵型用于对方进攻力量较弱、扣球以中线为主、吊球较多的情况。单人拦网应以中线为主，阻止球吊入中场，前排不拦网队员后撤防前场区。

（3）接拦回球的保护阵型

拦回球的保护，一般应在后排留1个人准备接反弹较远的球，其他队员尽量多参加前排保护。在只有一点进攻时，应采用4人保护。在有战术变化时，进攻队员跑动或跳起后，如未扣球应争取保护，但二传手和后排队员应尽量组成2～3人的保护阵型。

第二章

小球运动

第一节　乒乓球

乒乓球百科

一、乒乓球运动概述

（一）乒乓球运动的起源与发展

乒乓球运动起源于英国，由网球运动派生而来。19世纪后期，英国一些大学生在室内以桌为台、书为网，用网球在桌上推来挡去，形成了"桌上网球"游戏。1890年左右，英格兰著名越野跑运动员吉布从美国带回空心塑料球，代替软木塞。因塑料球击在木板拍上发出"乒乓"声响，故称"乒乓球"。1891年，英国的巴克斯特申请了乒乓球商业专利。1904年，上海一家文具店的老板王道平从日本买回10套乒乓球器材，把乒乓球引入了中国。

目前，世界乒乓球技术正朝着"更加积极主动，特长突出，技术全面，战术变化多样"的方向发展。世界乒乓球男队的打法是在技术全面的基础上，把速度和旋转结合得更好，向着更快、更新、更猛的方向发展。目前，欧洲横拍两面拉弧圈球加速度的打法，是世界乒乓球运动技术一个新的发展方向。

（二）主要赛事

1. 世界乒乓球锦标赛

世界乒乓球锦标赛是国际乒联举办的一项最重要、水平最高的世界性乒乓球比赛，比赛设男子团体、女子团体、男子单打、女子单打、男子双打、女子双打和混合双打 7 个项目。世界乒乓球锦标赛由国际乒联授权，一个会员协会主办，任何会员协会均可派选手参加任何项目的比赛。从 1926 年第 1 届起，世界乒乓球锦标赛每年举行一届，1939—1946 年期间因第二次世界大战而暂停，自第 24 届后每两年举行一届。

2. 奥运会乒乓球比赛

1981 年 10 月 1 日，国际奥委会在联邦德国巴登举行会议，决定把乒乓球列入奥运会比赛项目。1982 年 4 月 25 日在匈牙利布达佩斯举行的欧洲乒联会议上，国际奥委会主席萨马兰奇宣布，乒乓球从 1988 年起正式被列为奥运会的比赛项目。奥运会乒乓球比赛设有男、女单打和男、女团体共 4 个项目。

（三）著名运动员介绍

1. 马龙

马龙，1988 年出生于辽宁省鞍山市，中国男子乒乓球队运动员，奥运冠军。马龙于 2003 年进入国家队；2004 年获得亚洲青少年乒乓球锦标赛男单、混双冠军；2012 年，在乒乓球世界杯赛中获得第一个男子单打世界冠军；2013 年，蝉联乒乓球亚洲锦标赛男单冠军；2014 年，夺得个人第四个亚洲杯冠军；2015 年，在国际乒联世界巡回赛中夺得男单冠军；2016 年 8 月 12 日，在里约热内卢奥运会乒乓球男子单打决赛中以 4∶0 击败张继科，首次夺得奥运会男单冠军，并实现个人男单大满贯。他是继刘国梁、孔令辉和张继科后，中国男乒史上第四个大满贯选手，也是男乒史上第一个全满贯选手。

2. 刘诗雯

刘诗雯，1991 年 4 月 12 日出生于辽宁省抚顺市，中国女子乒乓球队运动员，曾就读于华南理工大学工商管理专业。刘诗雯 5 岁开始练习乒乓球，7 岁进入广州伟伦体校，正式开始了自己的乒乓球生涯，11 岁进入广东省队，2004 年 2 月进入国家队二队，2004 年 7 月获得乒乓球亚洲少年赛团体冠军和女双冠军；2007 年获得全国乒乓球锦标赛冠军；在 2009 年广州女乒世界杯、2012 年黄石女乒世界杯、2013 年神户女乒世界杯中获得三届单打冠军；2013 年 9 月成为世界排名中女单第一；2014 年 10 月，赢得仁川亚运会乒乓球女单冠军；2016 年 3 月获得第 53 届世乒赛女团冠军；2016 年 8 月 17 日，在巴西里约热内卢奥运会乒乓球女团决赛中，刘诗雯和队友（李晓霞、丁宁）以 3∶0 横扫德国队强势夺冠，实现奥运会三连冠。

二、乒乓球基本技术

（一）握拍法

握拍法即单手持球拍的方法。世界上流行直式和横式两种握拍方法，两种握法各有千秋，实践时应因人而异，扬长避短。下面以右手握拍为例进行讲解。

1. 直式握拍法

正面拇指第一指节和食指第二指节握拍，拍柄压住虎口（两指间距适中）；背面中指、无名指和小指自然弯曲斜形重叠，中指第一指节顶住球拍的后上部使球拍保持平稳。（见图2-1-1）

2. 横式握拍法

中指、无名指和小指自然地握住拍柄，拇指在球拍正面轻贴在中指的旁边，食指自然伸直斜放于球拍的背面，虎口轻微贴拍。击球时，拇指和食指帮助手腕调节拍形和加力挥拍动作。正手攻球时食指向上移动，反手攻球时拇指向球拍中部移动，帮助手腕下压，加大击球力量。（见图2-1-2）

直式握拍法   **横式握拍法**

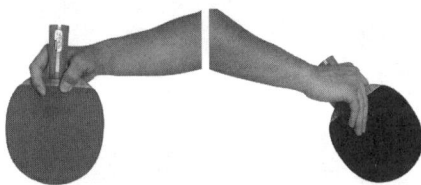 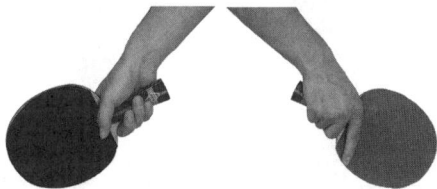

图2-1-1   图2-1-2

（二）准备姿势

两脚开立，约与肩同宽，两膝微屈稍内扣，以前脚掌内侧着地，身体重心在两脚中间，上体微前倾，下颌微收，两眼注视来球，持拍手臂自然弯曲，手腕放松，球拍自然后仰，置于腹前，左手自然弯曲抬起，高于台面。

准备姿势的重点、难点是两脚前脚掌内侧着地，屈膝提踵，放松微动。

（三）发球技术

发球是乒乓球比赛中唯一不受对方来球限制的技术，它可以让使用者最大限度地实现自己的战术意图，具有较强的主动性，因此，发球是乒乓球比赛中创造得分机会的主要技术。

1. 正手平击发球

身体离球台约 40 厘米，两脚开立，略宽于肩，左脚稍前。左手将球向上抛起，身体稍右转，同时右臂内旋，使拍面稍前倾，向右后方引拍。当球从高点下降至稍高于球网时，击球中上部，球拍向左前下方挥动，以向前发力为主。击球后迅速还原。（见图 2-1-3）

正手平击发球

图 2-1-3

2. 反手平击发球

身体离球台约 40 厘米，两脚开立，略宽于肩，右脚稍前。左手将球向上抛起，身体稍左转，同时右臂外旋，使拍面稍前倾，向左后方引拍。当球从高点下降至稍高于球网时，击球中上部，球拍向右前下方挥动，以向前发力为主。击球后迅速还原。（见图 2-1-4）

反手平击发球

图 2-1-4

3. 正手发下旋转球与不转球

正手发下旋转球时，身体靠近球台，左脚稍前，左手掌心托球置于身体右前方。左手将球抛起的同时，腰向右后转，右臂向后上方引拍，拍面后仰，直握拍手腕伸展，横握拍手腕略向外展和伸。当球从高点下降至稍高于网或与网同高时，以腰带动前臂加速向左前下方挥动，同时手腕屈曲并内收，以球拍远端（拍头）触球，击球中下部向底部摩擦。发不转球与下旋转球的区别在于：发不转球时，手臂外旋幅度小，减少拍面后仰角度，以球拍中后部偏右的地方触球，击球中部或中下部，减少向下摩擦球的力量，近似将球向前推出，使击球的作用力接近球心，从而形成不转球。球发出后，挥拍动作尽可能停住，以利于还原。（见图 2-1-5）

正手发下旋转球
与不转球

图 2-1-5

4. 反手发下旋转球与不转球

反手发下旋转球时，身体靠近球台，右脚稍前，左手掌心托球置于身体左前方。左手将球抛起的同时，腰向左后转，右臂向左后上方引拍，拍面后仰，直握拍手腕屈曲，横握拍手腕略向外展。当球从高点下降至稍高于网或与网同高时，以腰带动前臂加速向右前下方挥动，同时直握拍手腕伸展，横握拍手腕内收，以球拍远端（拍头）触球，击球中下部向底部摩擦。反手发下旋转球与不转球的区别与正手发下旋转球与不转球的动作区别类似。球发出后控制挥拍的动作幅度，快速还原。（见图 2-1-6）

反手发下旋转球
与不转球

图 2-1-6

（四）攻球技术

攻球技术是乒乓球技术中最重要的得分技术之一，它在击球方式上以撞击为主，因此具有击球速度快、动作小、进攻性强的特点。

1. 正手攻球技术

（1）正手快攻

左脚稍前，身体离球台约 40 厘米。手臂自然弯曲并做内旋，使拍面稍前倾，重心移向右脚，前臂横摆引至身体右侧后方。右脚稍用力蹬地，髋关节略向前转动，腰向左转，上臂带动前臂快速向左前方挥动迎球，在上升期（或高点期）击球的中上部，触球瞬间前臂迅速收缩，以向前打为主，略带有摩擦，手腕辅助发力，身体重心由右脚移至左脚。注意击球后迅速还原。（见图 2-1-7）

图 2-1-7

（2）正手扣杀

左脚稍前，站位的远近视来球距离长短而定。手臂自然弯曲并做内旋，使拍面稍前倾，球拍呈半横状，随着腰、髋的转动，手臂向后移动将球拍引至身体右后方，适当加大引拍距离。借腰、髋的左转及腿的蹬力，带动手臂向前迎球。当来球在高点期（位置合适可在上升期），上臂带动前臂同时加速向左前下方发力，拍面前倾击球的中上部。以撞击为主，略带有摩擦（近网除外）。击球后，重心由右脚移至左脚。扣杀后，立即还原，准备连续扣杀。（见图 2-1-8）

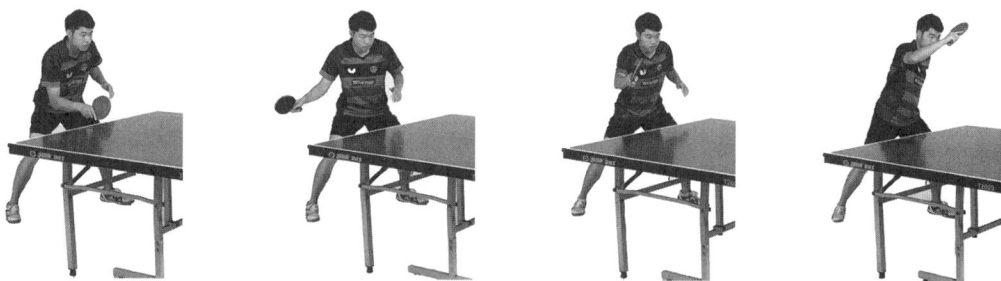

图 2-1-8

2. 反手攻球技术

身体离球台 40～50 厘米，右脚稍前，身体略左转，使腰部扭紧，右肩略下沉，前臂后引球拍至身体左侧，略高于来球。用腰、髋的突然转动，带动前臂向右前方用力。上臂贴近躯干，肘部内收，在球的上升期或高点期击球的中上部。手腕和食指压拍，中指在拍后，选定用力方向后将球击出。击球后迅速还原。（见图 2-1-9）

图 2-1-9

（五）推挡技术

推挡是直拍快攻打法的基本技术之一，特别是在左推右攻打法中占有极其重要的地位。推挡球可分为平挡、快推、加力推、减力挡、推下旋、推侧旋等。下面主要介绍平挡和快推。

1. 平挡

上臂自然贴近身体，拍面稍前倾，将球拍引至身体前方，在球的上升期触球的中部或中上部。击球瞬间只以前臂和手腕轻轻用力向前上推出，主要借助来球的反弹力将球挡回（回击弧圈球时，球拍须高于来球，在球的上升后期击球）。（见图2-1-10）

挡球

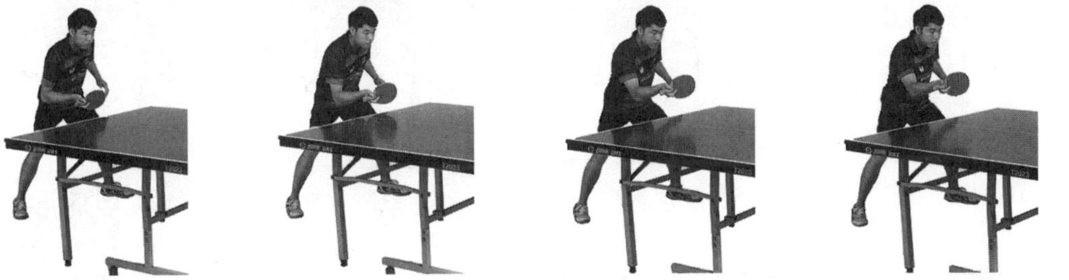

图 2-1-10

2. 快推

上臂和肘内收，自然靠近身体右侧，以肩为轴，将球拍引至身体前方。当来球在上升期时，前臂和手腕迅速向前、略向上推出。拍面稍前倾，击球的中上部。以前臂和手腕发力为主，并适当借力。（见图2-1-11）

快推

图 2-1-11

（六）搓球技术

搓球是近台还击下旋球的一种基本技术，可用它为拉弧圈球创造条件。将搓球技术与攻球技术结合起来可以形成搓攻技术。搓球在接发球时可以有效地过渡，为自己下一板创造进攻机会。

1. 慢　搓

（1）反手慢搓

右脚在前或两脚平行站立，身体离球台40～50厘米。手臂外旋使拍面后仰，前臂向左上方引拍至胸前，横握拍手腕适当外展，直握拍手腕屈曲，拍头指向斜上方。当来球在下降前期，前臂带动手腕加速向右前下方用力摩擦球，击球中下偏外侧的部位。击球后，前臂顺势前送，并注意还原。（见图2-1-12）

反手慢搓

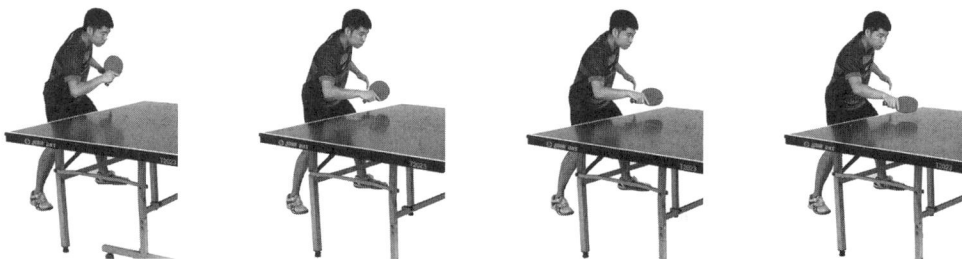

图 2-1-12

（2）正手慢搓

正手慢搓与反手慢搓动作相同，但方向相反。

正手慢搓

2. 快搓

（1）反手快搓

两脚平行或右脚稍前，身体靠近球台。肘部自然靠近身体，后引动作较小，拍面稍后仰。当来球在上升期，利用上臂前送的力量，前臂和手腕配合，借力结合发力，触球中下部并向前下方用力摩擦。尽快还原，准备下一板球。（见图2-1-13）

反手快搓

图 2-1-13

（2）正手快搓

正手快搓与反手快搓动作相同，但方向相反。

正手快搓

（七）弧圈球技术

弧圈球技术是现代乒乓球中最主流的进攻技术，其优势是能将球的速度和旋转有效地结合起来。

1. 正手弧圈球

判断来球，确定拉球时间和拉球部位。两脚开立，左脚稍前，收腹、含胸、屈膝，使身体重心降低，重心落在两脚之间。腰、髋向右转动，重心置于右脚前脚掌，右肩略下沉，左肩自然转向来球方向，右腿屈膝程度加大，前臂自然下垂，通过转腰带动上臂、前臂经腹前向右侧下方移动，将球拍引至身体右侧腰部下方稍后处。手臂自然放松，上臂与前臂夹角保持在 150°～170°。右脚蹬地，髋关节适当前转，腰部带动上臂向左转动，前臂向左前上方挥动击球。通常击球的中部或中上部（如果增加侧旋可击球略偏右并带侧向摩擦），前臂和手腕即将触球时迅速内收，手指在触球瞬间抓紧球拍。来球下旋强烈或击球点较低时，多向上摩擦。击球后，手臂继续顺势挥动，身体重心移到左脚后，迅速还原。（见图 2-1-14）

正手削加转弧圈球

图 2-1-14

2. 反手弧圈球

反手弧圈球的动作原理与正手弧圈球类似，除左右方向相反外，还需注意以下几点：①近台反手拉球时，站位基本上以左脚在前为主；中远台拉球时，站位多以两脚平行或右脚稍前为主。②反手拉球时，在引拍阶段肘部要稍微离开身体，放在身体外侧，以确保球拍在身体前有一定的击球空间。③近台拉球时，引拍动作不宜过大。（见图 2-1-15）

反手削加转弧圈球

图 2-1-15

成为乒乓球高手的 12 个小窍门

1. 用重心控制球。
2. 用"迎"的手法把球拉得更薄。
3. 照着来球收前臂。
4. 业余横板的反手没有想象中那样好。
5. 为"身前击球"而做引拍。
6. 练习基本攻球时，一定要有节奏。
7. 身体重心一定要低。
8. 击球时必须放松。
9. 协调用力是基础。
10. 向前用力是指导。
11. 用力支点是关键。
12. 用力方法是技巧。

三、乒乓球基本战术

（一）发球抢攻、接发球战术

1. 发球抢攻战术

发球抢攻是快攻型乒乓球运动员的重要战术之一。发球抢攻应具备的战术意识：尽量争取发球直接得分；迫使对方回球质量不高，从而赢得有利的进攻机会；迫使对方接发球不具备杀伤力，从而使自己有机会进行抢攻。

运用发球抢攻时的注意事项如下：

（1）注意发球与抢攻的配合。发球时，应明确对方可能会怎样接球、接到什么位置、自己怎样抢攻等。

（2）注意提高发球的质量，将旋转、速度和落点的变化结合起来，同时要特别强调发球技术的创新，为抢攻创造更多的机会。

（3）注意发球抢攻与其他战术的配合。

（4）抢攻时要大胆果断，不论对方用何种技术接发球，自己都应敢于抢攻。抢攻的技术好，可以增加发球的威力，这是因为对方在接发球时顾虑多，容易出现失误。

（5）发球要与运动员本身的特点、特长相结合，以达到应有的效果。

2. 接发球战术

接发球战术是由某一单项攻（冲）球技术所形成的。若接发球的进攻性强，可将接发球的被动地位变为主动地位，也可直接得分。接发球战术是乒乓球运动中各种打法，特别是进攻型打法的主要战术。

（1）常用的接发球战术

①用快拨、快推和拉球回击，争取形成对攻的相持局面。

②用快搓摆短回接，使对方难以发力抢攻或抢拉。

③来球是各种侧旋、上旋或不强烈的下旋短球时，可用"快点"技术回接。

④接发球抢攻或抢拉。

以上四种接发球战术，在比赛中可视场上具体情况结合起来灵活运用。可采用多种接发球回接方法，给对方制造各种困难，使其无法适应，从而破坏其发球抢攻或抢拉的战术意图。

（2）接发球时的注意事项

①接发球抢攻（抢冲）一般不可过凶，否则容易失误，要判断好来球的旋转强度、高度和旋转方向，采用适当的方法进攻。如果对方发侧上旋球，接发球抢攻（抢冲）时应用推压手法，以免攻球下网，只有当来球稍高时，才可大力抢攻。如果对方发加转下旋球，接发球抢攻时应采用提拉手法，以免下网，同时攻球的力量不可过大。

②接发球抢攻（抢冲）动作结束后，要立即做好对攻（对冲）或连续攻（冲）的准备，以便保持主动地位。

③接发球抢攻、抢冲的力量越小，越应注意球的线路和落点，一般多打在对方的薄弱面，反手弱则多打反手，反手强则多打正手。

（二）对攻战术

对攻是进攻型打法选手互相对垒时经常采用的一项重要战术。快攻类打法主要依靠正手攻球、反手攻球、反手推挡或快拨技术，充分利用该战术快速多变的特点，以达到调动对方、有效攻击的目的。弧圈类打法主要依靠正反手两面弧圈球技术，充分发挥旋转的威力，以达到牵制对方、增加攻击力的目的。常用的对攻战术有攻对方两角、对角线攻击、侧身攻、攻追身、轻与重的结合攻和攻防结合等。

（三）拉攻战术

拉攻战术是快攻打法对付削球类打法的主要战术之一，其主要以连续正手快拉来创造进攻机会，然后采用突击和扣杀的手段来得分。

（四）搓攻战术

搓攻战术是进攻型选手的一项辅助战术，其主要利用搓球的旋转和落点变化为进攻创造机会。

常用的搓攻战术如下：

（1）搓球落点变化，伺机突击。

（2）搓球转与不转相结合，变化落点，伺机突击。

（3）搓拉与落点变化相结合，伺机突击。

（五）削攻结合战术

削攻结合由削球和攻球结合而成，常以逼对方两个角加转削球为主，伺机反攻，或以转、低、稳、变的削球，迫使对方在走动中拉攻，使其回球质量不高，从中寻找机会反攻。这种战术有稳、逼、变、凶、攻的特点，是削攻结合打法的主要战术。

（六）扣、拉、吊结合战术

扣、拉、吊结合战术由拉攻战术与放短球相结合而成，是快攻型打法对付削球打法时常用的战术。

第二节　羽毛球

一、羽毛球运动概述

羽毛球百科

（一）羽毛球运动的起源与发展

现代羽毛球运动起源于印度，形成于英国。19 世纪 60 年代，一批退役的英国军官把印度的"普那"——一种近似于后来的羽毛球运动的游戏带回英国，并加以改进，逐渐形成现代的羽毛球运动。1870 年，英国出现了用羽毛、软木做成的球和穿弦的球拍。1873 年，英国公爵鲍弗特在格拉斯哥郡的伯明顿庄园里进行了一次羽毛球游戏，这是世界上第一次羽毛球比赛，伯明顿的英文名称是 Badminton，因此将它作为羽毛球的英文名称。1934 年，国际羽毛球联合会（简称"国际羽联"）由加拿大、丹麦、英国、法国、爱尔兰和荷兰等 9 个国家联合发起成立，总部设在伦敦，主席为乔治·汤姆斯。国际羽联于 1948—1949 年举办的第 1 届世界男子团体赛的奖杯，即由汤姆斯所赠。1978 年，世界羽毛球联合会（简称"世界羽联"）于中国香港成立，同年 11 月举办了第 1 届世界羽毛球锦标赛。国际羽联和世界羽联于 1981 年 5 月 26 日宣布合并，统称为国际羽毛球联合会，其管辖的比赛有奥运会羽毛球赛、汤姆斯杯赛、尤伯杯赛、苏迪曼杯世界羽毛球混合团体锦标赛、世界青少年羽毛球锦标赛和世界羽联超级系列大奖赛。

羽毛球运动约于 1920 年传入中国，在中华人民共和国成立后得到迅速发展。20 世纪 70 年代，我国羽毛球队已跻身于世界强队之林，在国际羽坛与印度尼西亚平分秋色。20 世纪 80 年代，优势已转向我国，说明我国羽毛球运动已达到世界领先水平。在 1992 年巴塞罗那奥运会上羽毛球被列为正式比赛项目，设男、女单打和男、女双打 4 项比赛。在我国羽毛球运动的发展过程中涌现出了杨阳、赵剑华、熊国宝、李永波、林丹、陈金、林瑛、吴迪西、李玲蔚、谢杏芳和张宁等一批世界羽坛顶尖高手，进一步奠定了我国羽毛球技术水平处于世界羽坛领先地位的基础。他们在一系列世界大赛中为祖国夺得了众多的金牌，创造了中国羽毛球历史上的辉煌。

（二）主要赛事

1. 奥林匹克运动会羽毛球赛

国际奥林匹克运动委员会从 1992 年第 25 届巴塞罗那奥运会起，将羽毛球运动列为奥运会的正式比赛项目，设男单、女单、男双和女双 4 枚金牌。1996 年第 26 届亚特兰大奥运会又增设了混合双打项目。

2. 世界羽毛球锦标赛

1977 年，世界羽毛球锦标赛在瑞典的马尔默举行了首届比赛，从 1987 年起每逢单数年与苏迪曼杯赛同时、同地举行。

（三）著名运动员介绍

1. 林丹

林丹，1983 年 10 月 14 日生于福建省龙岩市上杭县临江镇，中国男子羽毛球队运动员。5 岁练习羽毛球，9 岁进入福建省体校，12 岁进入八一体工大队，教练是何国权，18 岁进入国家队，教练是伍佰强、汤仙虎、钟波和李志峰；2002 年 8 月，不满 19 岁的林丹登上国际羽联排名第一的位置；2008 年获北京奥运会冠军；2010 年获广州亚运会男单冠军；2011 年 8 月 14 日于伦敦世锦赛上，获得第 4 个世锦赛男单冠军，同时他的世界冠军数达到了 15 个；2012 年 8 月 5 日，在英国伦敦奥运会羽毛球男子单打决赛中，林丹夺得金牌，也因此成为首个奥运会羽毛球比赛卫冕冠军。

2. 谌龙

谌龙，1989 年出生于湖北省荆州市沙市区，中国羽毛球队主力队员。2000 年进入厦门队，2006 年 6 月进入国家队二队，2007 年获得世界青年锦标赛男单冠军；2011 年 10 月 23 日，在世界羽联超级系列赛丹麦公开赛男单决赛中战胜李宗伟问鼎男单冠军；2012 年，获得英国伦敦奥运会男单季军，同年，获得世界羽联超级系列赛总决赛男单冠军；2014 年 9 月 1 日，在哥本哈根世锦赛决赛上击败李宗伟，获得职业生涯第一个单项世界冠军；2015 年 8 月 16 日，在雅加达世锦赛男单决赛中再次战胜李宗伟，成功卫冕；2016 年 8 月 20 日，在里约热内卢奥运会男单决赛中，谌龙首次获得奥运冠军。

二、羽毛球基本技术

（一）握拍方法

1. 正手握拍法

虎口对着拍柄窄面的小棱边，拇指和食指贴在拍柄的两个宽面上，食指和中指稍分开，中指、无名指和小指并拢握住拍柄，使掌心不要紧贴拍柄，拍柄端与近腕部的小鱼际肌平行，拍面基本与地面垂直。正手发球、右场区各种击球及左场区头顶击球等，一般都采用这种握法（以右手握拍者为例）。（见图2-2-1）

正面　　　　　　　　侧面　　　　　　　立面　　　　　　正手握拍法

图 2-2-1

2. 反手握拍法

在正手握拍的基础上，拇指和食指将拍柄稍向外转，拇指顶在拍柄内侧的宽面上或内侧棱上，中指、无名指和小指并拢握住拍柄，柄端靠近小指根部，使掌心留有空隙。球拍斜侧向身体左侧，拍面稍后仰。一般来说，击身体左侧的来球，大都先转体（背对网），然后用反手握拍法击球。（见图2-2-2）

正面　　　　　　　　侧面　　　　　　反手握拍法

图 2-2-2

（二）基本步法

（1）并步：当右脚向前移动一步，左脚即刻向右脚跟并一步，紧接着右脚再向前移动一步。

（2）交叉步：左右脚交替向前、向后或向侧移动。一脚经另一脚脚尖并超越，称前交叉；一脚经另一脚的脚后跟并超越，称后交叉。

（3）垫步：以右脚为例，右脚向前迈出一步后，左脚向

并步

交叉步　　　　垫步

右脚并一步跟进，紧接着右脚再向前迈一步。

（4）蹬跨步：左脚用力向后蹬地的同时，右脚向来球的方向跨出一大步。

（5）两步退后场：当来球在后场距身体较近时，身体起动后右脚向来球方向后退一大步，左脚紧接着蹬地，然后向右脚并上一小步，重心在右脚上。

（6）三步退后场：当来球在后场距身体较远时，身体起动后右脚先向来球方向后退一小步，左脚紧跟着经右脚向后交叉退一步，右脚再经左脚向后交叉退一步，身体重心在右脚上。

（三）基本技术

1.发球技术

发球可分为正手发球和反手发球。一般来说，发网前球、平快球、平高球均可以用正手发球或反手发球的技术来完成，而发高远球则须采用正手发球。

（1）正手发球

单打发球站位在中线附近，站在离前发球线约1米处。双打发球站位可靠近前发球线。

身体左肩侧对球网，左脚在前，右脚在后，重心在右脚上，右手持拍向右后侧举起，肘部放松微屈，左手拇指、食指和中指夹住球，举在胸腹间。发球时，身体重心由右脚移至左脚。

正手发球，不论是发何种弧线的球，其发球前的姿势都应该一致，这样就会给对方的接发球造成判断上的困扰。下面分别介绍用正手发球动作发出4种不同弧线球的技术动作。

①高远球：发球时，左手把球举在身体的右前方并自然放下，使球下落，右手同时持拍由上臂带动前臂，从右后方沿着身体向前并向左上方挥动。当球落到右手臂向前下方伸直能触到球的一刹那，握紧球拍，并利用手腕的力量向前上方发力击球。击球之后，球拍顺势向左上方挥动缓冲。（见图2-2-3）

正手发后场高远球

图 2-2-3

②平高球：准备姿势和引拍动作与正手和反手发网前球的相似，发球的动作过程大致与发高远球相同，只是在击球的一刹那，前臂加速带动手

正手发后场平高球

腕向前上方挥动，拍面要向前上方倾斜，以向前用力为主。（见图2-2-4）

反手发后场平高球

图 2-2-4

③平快球

准备姿势同发高远球。站位比发平高球稍后些（以防对方很快将球击回到本方后场），充分利用前臂带动手腕，以爆发力向前方用力，球直接从对方的肩稍上高度越过，直攻对方后场。发平快球的关键是出手的动作要小而快，但前期动作应与发高远球一致。发平快球时还应注意不要犯规。（见图2-2-5）

正手发后场平快球

反手发后场平快球

图 2-2-5

④网前球

准备姿势同发高远球。击球时，握拍要放松，上臂动作要小，主要靠前臂带动手腕向前送，用力要轻。球拍触球时，拍面从右向左斜切击球，球的弧线尽量控制贴网而过，落点在前发球线附近。（见图2-2-6）

正手发网前球

图 2-2-6

（2）反手发球

反手发球时，球拍由后向前推送击球，使球运行的弧线最高点略高于网顶。球拍触球时，拍面成切削式击球，使球落到对方场区的前发球线附近。反手发球的特点是动作小、出球快、对方不易判断。在双打比赛中多采用这种发球技术。

站位靠近前发球线，双脚前后站立，左脚或右脚在前均可，身体重心放在前脚上，上身前倾，后脚脚跟提起。右手反握拍柄的稍前部位，肘关节提起，手腕稍前屈，球拍低于腰部，斜放在下腹前方。左手持球在拍面前方。发球时，球拍由后向前推送击球，使球运行的弧线最高点略高于球网。球拍触球时，拍面成切削式击球，使球落到对方场区的前发球线附近。左手持球，食指和中指握住羽毛的内侧。在手放开球后立即进行击球。（见图2-2-7）

图 2-2-7

2. 击球技术

（1）正手击高远球

右脚后撤成支撑步，右脚脚尖向外转，左脚指向击球方向。击球手臂抬高，肘关节弯曲成90°角上臂构成了肩轴的延长部分，拍头位于头部的前上方。

身体右侧继续向右转，通过这种方式形成侧身的姿势对着球。击球手臂的肘关节向后引，这时拍头在头后处于与击球方向相反的位置，前臂外旋，腕关节向手背后伸。在右脚后撤形成支撑步时，身体和球拍完成准备姿势。

击球手臂伸展，前臂外旋，在挥拍到击球点之前的一刹那腕关节发力。击球点位于头顶的位置，并且在击球手臂腕关节的前面。在击球动作的过程中，通过后面的右脚蹬地将身体重心转移到前面的左脚上。左臂在身体旁边向后下方运动。

前臂继续外旋，通过右脚的向前迈出停止身体的向前运动。击球动作到左大腿的方向结束。（见图2-2-8）

正手击高远球

准备　　　　引拍　　　　击球　　　　收拍

图 2-2-8

（2）反手击高远球

在场地中间从基本姿势状态用右脚的第一步移动使身体向左转，背对网，身体重心在右脚上，使球处在身体右肩上方。

在右脚最后落地之前，右脚在身体前面，击球手臂的肘部引至体前，腕关节和拍头也随着引至身体前面。

以上臂带动前臂，产生初速度，在肘部抬至与肩平行时，转为前臂带动腕部，通过手腕的闪动，自下而上地甩臂，同时两腿蹬地、转体将球击出。（见图 2-2-9）

反手击高远球

引拍正面　　　抬肘正面　　　击球正面　　　击球背面

引拍侧面　　　抬肘侧面　　　击球侧面

图 2-2-9

（3）正手杀球

左手自然上举，抬头注视来球，右手持拍于体侧，屈膝，降低身体重心，准备起跳。起跳时，右肩后引，上体舒展。

击球时，空中用力收腹，腰腹带动上臂，上臂带动前臂，前臂带动手腕，用力挥拍击球。杀球后，前臂顺惯性前收，形成鞭打动作。（见图2-2-10）

正手杀球

图 2-2-10

（4）正手搓球

右脚蹬跨步，正手握拍，球拍随着前臂伸向右前上方斜举。拍头平行于地面或稍向球网倾斜。

当球拍举至最高点时，前臂向外旋转，手腕由后伸至前稍内收并闪动。搓击来球的右下底部，使球旋转翻滚过网。击球点低于球网上沿。（见图 2-2-11）

正手搓球

图 2-2-11

（5）扑球

扑来球时，右脚在前，左脚脚跟先蹬离地面，身体腾空，前臂向前上方举起，球拍正对来球方向。

击球时，手臂由屈至伸，手腕由后伸向前闪动，配合手指的顶压，将球扑下。扑球后，球拍随手臂往右侧前下回收，同时屈膝缓冲，控制身体重心。（见图 2-2-12）

正手扑球　　反手扑球

图 2-2-12

3. 接发球

（1）单打接发球的站位（见图 2-2-13）

站位离发球线 1.5 米处。右区站位在靠中线的位置，左区站在中间的位置。左脚在前，身体重心在左脚上，双膝微屈，身体半侧对球网，球拍在身前，两眼注视对方。

（2）双打接发球的站位（见图 2-2-14）

双打的站位靠近前发球线的位置，准备姿势与单打基本相同，但是双打速度快，因此，接发球时可以将球拍适当抬高一点，举到头前上方的位置，以便于迅速抢网。

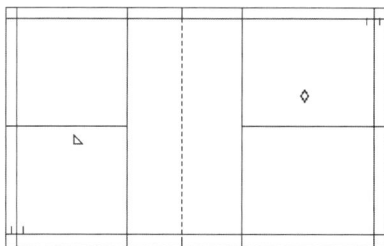

图 2-2-13

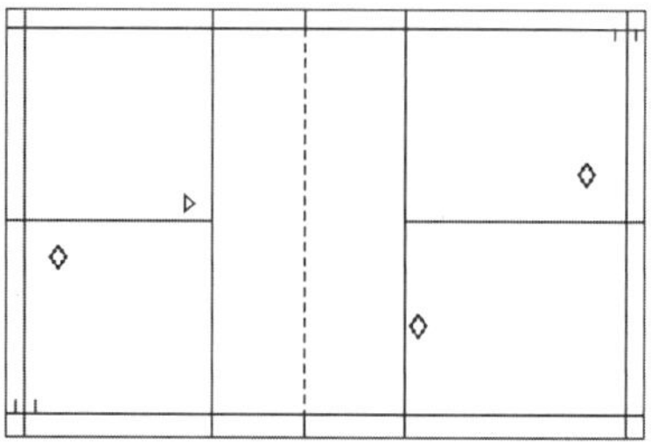

图 2-2-14

三、羽毛球基本战术

（一）发球

1. 根据对方接发球站位来决定发球路线

对方接发球站位偏后，注意力在后场，网前出现空当，这时应发网前球；站位靠前，接发球注意力在前场，后场出现空当，此时可以发后场球；站位靠边线，可以采用突然性很强的平射球袭击对方的底线两角的位置，使对方措手不及，回球失误。不可一味地运用一种发球战术，要与其他种类的发球和线路一起使用，才能加强发球变化。

2. 根据对手的技术特长和接球规律发球

对方后场进攻能力很强，球路刁钻，但接网前球相对较弱，此时就应以发网前球为主，有意识地限制对手发挥其后场进攻技术的优势；对方网前技术动作一致性强，对本方威胁大，发球就要避开对方这一优势，以发后场球为主。

3. 发各区域球的战术特点

通常将发球区域分为1号、2号、3号、4号位置。发3号位球，便于拉开对方位置，下一拍可将对方调动至对角网前；发4号位球，可以避免对方快速的直线平高球攻击自己的后场边线角；发2号位球，对方出球角度小，便于判断对方的出球；发1号位球，特别是左场区1号位，有利于下一拍攻击对方左后场反手球，必须注意防范对手以直线球攻击本方左后场反手区。发1号、2号位置之间中路的网前球或追身球，效果较好。（见图2-2-15）

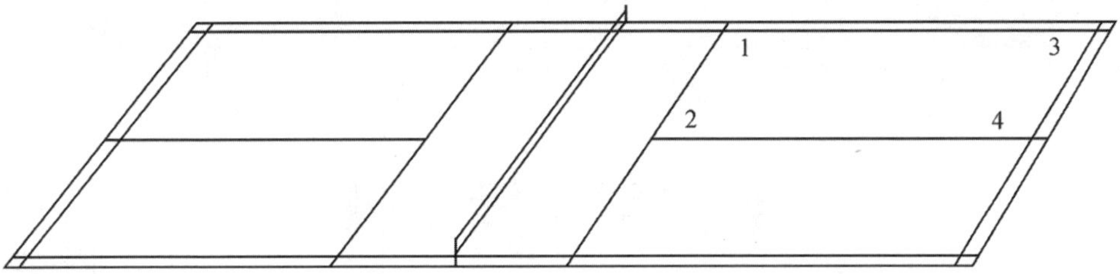

图 2-2-15

（二）接发球

1. 单打接发球

接发后场高远球或平高球时可用高球、吊球或杀球进行还击；接平射球可用快速抽杀球或吊拦网前小球来还击；接发网前球可采用放网前球、勾对角球、推后场球来还击。

2. 双打接发球

接发后场球，多数情况采用大力杀球进攻，以快制快，也可用吊球调动对方，也可采用攻人的方法进攻；接发前场小球的方法是快速抢网前的制高点，可利用推球、扑球，或是搓球、拨半场球等方法进行还击。

（三）后场击球

利用熟练的高球、吊球、杀球和劈球等技术，准确地将球击到对方场区的底线两角等四个点上来调动对方，使对方前、后、左、右来回奔跑移动，寻找机会大力发起进攻。

（四）前场击球

可将前场细致快速的搓球、勾对角球和推、挑后场球及扑球等击球技巧配合运用，来调动对方，打对方空位和失重的空缺，使对方措手不及。

（五）中场击球

中场击球，要求判断、反应、起动和出手都要快，引拍预摆动作相应小一些。由于接杀球可借助对方来球力量击球，击球力量不宜太大。重要的是"巧"字，突出手指、手腕的爆发力。

羽毛球赢球的法宝

对方步法快、手法好，可变出重复线路。

对方上网快、后退慢，可控制网前推后场两点。

对于侧身转体差的选手，可变出同侧前、后场球调动对手。

对于步法慢的对手，可快速拉前、后场打对角线路。

第三节 网 球

网球百科

一、网球运动概述

（一）网球运动的起源与发展

古代网球运动可追溯到古希腊时期，在当时它是一种"掌中游戏"。现代网球运动起源于英国。1873 年，英国温菲尔德少校在掌握了古代网球游戏之后，把它从封闭的宫廷搬到了室外，使网球运动走进了寻常百姓家。

1877 年，英国在温布尔登举行了第 1 届草地网球锦标赛，以亨利·琼为首的裁判委员会草拟的比赛规则是现代网球比赛规则的基础，其中的盘制、局制、换位法一直沿用至今。

网球运动脱离宫廷走向普及和形成高潮之地是在美国。第二次世界大战期间，其他国家的网球赛事都停止了，唯独美国继续开展并进入鼎盛时期，普及率非常高，这为网球运动的发展做出了很大的贡献。

（二）主要赛事

1. 温布尔登网球公开赛

温布尔登网球公开赛是现代网球史上最早的比赛，由全英俱乐部和英国草地网球协会于 1877 年创办，首次正式比赛是在该俱乐部位于伦敦西南角的温布尔登总部进行，名为"全英草地网球锦标赛"。1884 年，组委会首次设立了女子单打比赛项目。同年，男子双打也成了正式比赛项目。1899 年又增加了女子双打和混合双打，于每年 6 月或 7 月举办。

2. 美国网球公开赛

美国网球公开赛始于 1881 年，在美国纽约举行，地面类型为硬地。当时只是国内赛事，而且只有男子单打，之后每年一届。后来增加了女单、男双、女双和混双 4 个项目。女子比赛始于 1887 年。1968 年，美国网球公开赛被正式列为四大公开赛之一，常设 5 个单项的比赛，固定于每年 8 月底至 9 月初进行，是每年四大公开赛中最后举行的大赛。

3. 法国网球公开赛

法国网球公开赛始创于 1891 年，比温布尔登网球公开赛晚 14 年，开始只限于本国运动员参加，1925 年以后对外开放，成为公开赛。法网的场地设在巴黎西部蒙特高地的一座叫作罗兰·加洛斯的大型体育场内，该球场属于慢速红土球场。每年 5 月举办。

4. 澳大利亚网球公开赛

第 1 届澳大利亚网球公开赛是 1905 年在墨尔本的威尔霍斯曼板球场举行的，它是四大公开赛中最迟创立的赛事，其女子比赛始于 1922 年。刚开始举办比赛是使用草地网球场，到 1988 年才改为硬地网球场。1968 年，国际网球职业化后它被列为四大公开赛之一。1972 年，这项赛事为了吸引更多的观众，改为在澳大利亚墨尔本举行。由于是硬地网球场，所以打法全面的选手可以占到一定的优势。每年 1 月举办。

（三）著名运动员介绍

1. 李娜

李娜，1982 年 2 月 26 日出生于湖北省武汉市，中国女子网球运动员。2008 年北京奥运会女子单打第四名，2011 年法国网球公开赛和 2014 年澳大利亚网球公开赛女子单打冠军，亚洲第一位大满贯女子单打冠军。2015 年 9 月 19 日，亚洲首位网球大满贯得主李娜正式宣布退役。2015 年 12 月 15 日，李娜被伦敦《金融时报》评选为 2014 年年度女性人物。

2. 罗杰·费德勒

罗杰·费德勒，1981 年出生，瑞士男子职业网球运动员。费德勒拥有 ATP 排名历史上单打世界排名第一连续周数最长的纪录（237 周，2004—2008 年），现世界排名第三（2019 年）。众多评论家、现役与退役的选手认为费德勒是史上最伟大的选手之一。费德勒与纳达尔被誉为男子网球史上最伟大的一对对手，他们两人的对战不仅创造了无数精彩，也产生了许多纪录。

二、网球基本技术

（一）握拍方法

现代网球运动常用的握拍方法有四种，即东方式握拍法、大陆式握拍法、西方式握拍法和双手反手握拍法。（见图 2-3-1）

1. 东方式握拍法

（1）东方式正手握拍法

左手先握住拍颈，使拍子与地面垂直，然后右手手掌也垂直于地面，在齐腰高的地方与拍相握。手指朝下，拇指放在中指旁边，食指稍展开。

（2）东方式反手握拍法

手掌移到拍柄上部，食指关节跨在右斜面上部，拇指放在拍柄左侧面，在击球时起到稳定作用。

东方式正手握拍法

东方式反手握拍法

2. 大陆式握拍法

与东方式的不同之处是，大陆式握拍正反手击球都无须换握拍，手掌大部分放在拍柄顶部的右斜面上。

大陆式握拍法

3. 西方式握拍法

这种握拍法俗称"大把抓"，把球拍平放在地面上，用手在拍柄顶端顺手一把抓起便是。正反拍是不换的，而且击球在同一拍面上。

4. 双手反手握拍法

握拍手（右手）采用东方式正手握拍法，右手在下，左手在上。

| 东方式正手握拍 | 东方式反手握拍 | 大陆式握拍 | 西方式握拍 | 双手反手握拍 |

图 2-3-1

上面介绍的几种握拍法，各有长处，各有特点，可根据不同的击球技术，采用不同的握拍方法。学生要根据个人情况，在实践中试验和应用，选择最适合自己的握法。

网球各种握拍法的特点

◎ 东方式握拍法的优点是无论高球和低球都能用正反拍技术很好地处理，而大陆式或西方式握拍法都无此优点。

◎ 大陆式握拍法对于处理低球很合适，对于上网截击和处理网前球也很有利，正反手击球无须换握，但打高球不太方便。

◎ 西方式握拍法正反手击球都使用同一个面，正手能打出强劲的上旋球，反手易打斜线球，特别适合腰高度以上的球，但对截击球和低球，特别是反手近网球极不方便。

（二）正手击球

1. 准备动作

面对对方场区站立，两脚开立略宽于肩；两膝微屈，上体略前倾，脚跟稍抬起，重心位于两脚之间；右手握拍柄，左手扶着拍颈部位，持拍于体前。两眼注视来球。

正手击球

2. 击球动作

以左脚为轴开始转身并向后拉拍，拍头高于手腕，左臂自然前伸以保持身体平衡。在开始向前挥拍时，左脚应向要击球的方向迈步，以肩为轴向前挥拍，拍面在击球时与地面垂直，并尽量使拍面和球有较长时间的接触。在击球后，球拍应继续随球挥动，拍子结束在左肩上方，右腿摆动跟进，身体恢复成准备姿势。（见图 2-3-2）

图 2-3-2

（三）反手击球

1. 单手反手击球

（1）准备动作

单手反手击球准备动作与正手击球准备动作一致。

（2）击球动作

向左侧转体、转肩并变换成东方式反手握拍，向后拉拍，右脚向左前方迈步，右肩对网，重心前移。球拍向前，再向上挥拍击球，击球点在右腿前腰部高度，击球时拍面垂直于地面，挥拍轨迹朝目标方向由下至上。随挥动作结束在身体的右前方。（见图 2-3-3）

图 2-3-3

2. 双手反手击球

（1）准备动作

双手反手击球准备动作与单手相同，只是双手反手击球的双手握在拍柄上。

（2）击球动作

转肩、向后拉拍并变换握拍，身体重心转移到左脚上。球拍拉向后方并低于来球的高度，右脚向来球方向迈出。双手向前挥动并击球，击球点比单手略靠后，击球时右臂伸直。击球后，球拍应沿目标方向继续挥出，动作完成时双手高于肩。（见图 2-3-4）

图 2-3-4

（四）截击

截击是指来球在空中飞行，还没有落地就加以击打的一种打法。通常在球网与中场之间拦击。

截击球

1. 正手截击

截击一般采用大陆式握拍方法，因为截击球速度快，没有足够的时间变换握拍，所以正反手截击球准备动作相同。

肩部稍做转动，球拍与肩平行，后拉拍要稳固，不得过肩。在向前挥拍的同时，用左脚朝球前方迈步，保持手腕固定并在身体前方击球。随挥动作要短，以便快速回到准备接下一个球的位置。（见图 2-3-5）

图 2-3-5

2. 反手截击

肩部稍微转动，球拍与肩平行；后引拍要稳定，在向前挥拍时右脚朝球飞行的方向迈出；保持手腕固定，并在身体前方击球；随挥动作要短，以便快速回到准备接下一个球的位置。（见图 2-3-6）

图 2-3-6

（五）发球

在现代网球运动中，发球是最重要的技术之一，是唯一可以由自己掌握的击球技术。1 分的得失常取决于发球的好坏。发球既可以直接得分，又可以为进攻创造条件。（见图 2-3-7）

发球

图 2-3-7

1. 握拍

初学者可采用东方式正手握拍法。大陆式握拍法和东方式反手握拍法适用于有一定水平的初学者。

2. 准备动作

双脚齐肩宽，在端线后侧身站立。右脚与底线基本上平行，左脚正对右网柱。手腕和手臂放松握拍于身体前，左手握球并在拍颈处托住球拍。

3. 抛球

左臂放松，持球自然、平稳地向上抛球，抛球和挥拍几乎是同时开始；手臂达到与肩部同高时，手指自然松开，球借助惯性自然上升。抛球的高度要适合，在最高点击球最好。

4. 击球动作

两手臂同时向下和向上运动，球从伸展的左手中向上竖直抛出，在身体前面和左脚上部，持拍手臂屈肘上举。抛球后，身体开始向前转动，球拍在身后做绕环动作，并随后向前挥动击球。尽量伸展身体，在最高点击球，击球的后部（拍面与球垂直）。击球时，身体重心向前转移。随挥动作结束在身体左侧下方。

（六）高压球

高压球是将对方挑来的高球加以扣杀的一种技术。

用大陆式握拍法，抬头盯着球，侧身转体，用短促的踮步调整位置，左手高举指向击球点，右手举起球拍向后拉拍，球拍后摆做搔背动作，拍子在右肩的前上方对准球心挥出，击球臂继续伸直跟进摆动。随挥动作结束在身体左侧下方。

高压球

（七）接发球

接发球是网球运动中较难掌握的一项技术。一次错误的回击常常会失去 1 分；相反，一次巧妙的接发球能削弱发球者进攻的锐气，减少被动，甚至可以转化为主动。

在接发球的全过程中，眼睛要始终注视来球，一直到完成回击动作。接发球时不要做大幅度的后摆动作，主要是要控制好拍面的角度，并紧握球拍以免被震之后引起球拍转动。选择好的落点，对控制对手发球后抢攻有重要意义。

三、网球基本战术

（一）单打比赛基本战术

一般单打比赛开始时，双方都用自己最擅长的技术迎战。在摸透对方的战术后，实施改变战术策略，以达到使对方失去节奏、消耗对方体力、最终赢得比赛的目的。

1. 发球战术

发球是最不受对方制约的技术，所以一定要充分地利用，争取拿下发球局，掌握主动权。然而一成不变的发球会使对方很容易适应，并找到应对的方法。也许侥幸能拿下第一个发球局，但第二个、第三个发球局就危险了。具体方法为内角、外角、中路三种路线相结合，上旋、侧旋、平击多变化。

2. 接发球战术

面对快速的发球，不要急于加力回球，这样往往失误较多。如果对方反手较弱，那就打对方的反手；若对方发球动作较大就打追身球，令其没有时间调整步法。

（二）双打比赛基本战术

双打比赛和单打比赛有很大的差别，双打主要依赖配对的两个球员的默契配合以及网前的截击技术。网球双打比赛通常有以下几种常用的战术。

1. 双上网进攻型

男、女职业选手均较多采用此类型战术，这也是近年来职业网球双打比赛中采用最多的战术。发球方发球后上网，接发球方也采用积极的进攻型接发球上网，双方4人均来到网前，通过小斜线截击或其他方式得分。

2. 双上网防守型

男子职业选手采用此类型战术较多。由于在双上网进攻型中，两人太靠近球网，无法照顾到挑高球，因此该类型战术的重点是接发球方接发球上网后，只来到发球线附近，防守发球方的挑高球，且大部分球由此人处理，接发球搭档则伺机打出截击球或高压球得分。①发球者：发出刁钻的一发后上网，在发球线处截击，将球打到接发球方脚下，待接发球方回球时跟进到网前，在网前打出直接得分球。②接发球者：选择进攻型的接发球，回到发球者脚下，同时迅速上网，在发球线处截击，并把球打到对方中间结合部，同时防守对方打出的挑高球，把得分机会让给网前搭档。

第三章

武术与养生功法

第一节　武术基本功

一、武术概述

武术起源于中国，是中华五千年历史文化的结晶。传统的武术产生于民间的健身和自卫，在发明枪炮武器之前，冷兵器武术是主要的斗争形式。从春秋战国到民国时期，民间武术健身的结社组织层出不穷，武术的拳种纷呈，流派林立，兵器多样，世代流传。武术成为民间社交、帮派活动、健身活动的主要形式，流行于全国。中华人民共和国成立以来，武术主要用于科学健身活动，以增强人民体质、提高民族素质为主要目标。近年来，武术走向了世界，吸引了不少外国习武爱好者，并经常举行国际武术比赛。

武术以技击为主要内容，以套路和格斗为运动形式，注重内气与外功兼修，具有悠久的历史传统和文化内涵，有高品位的竞技搏击、强身健体、道德素养与观赏价值。

二、武术基本功图解

（一）手型

武术基本功常用手型见图 3-1-1。

拳　　　　　　　　　掌　　　　　　　　　勾

图 3-1-1

（二）手法

武术基本功常用手法见图 3-1-2。

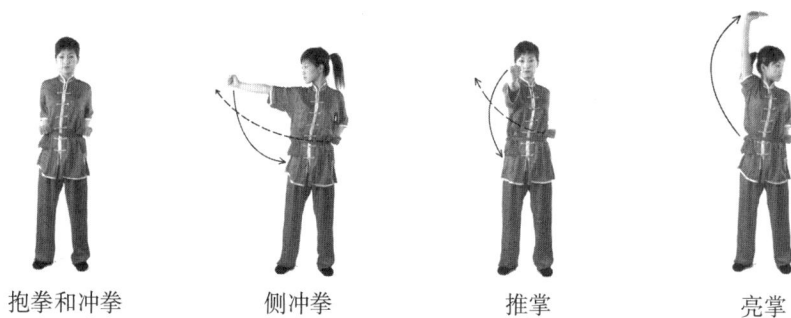

抱拳和冲拳　　　　侧冲拳　　　　推掌　　　　亮掌

图 3-1-2

（三）步型

武术基本功常用步型见图 3-1-3。

弓步　　　　马步　　　　仆步　　　　歇步　　　　虚步

图 3-1-3

（四）腿功

武术基本功常用腿功见图 3-1-4。

正压腿    侧压腿    后压腿

弹腿    正踢腿 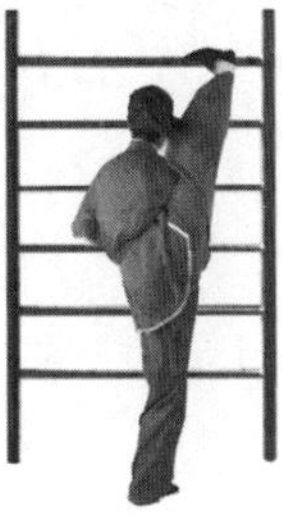   侧踢腿    外摆腿

仆步压腿    竖劈叉    横劈叉    正搬腿

图 3-1-4

（五）腰功

武术基本功常用腰功见图 3-1-5。

俯腰    甩腰

涮腰

图 3-1-5

（六）肩功

武术基本功常用肩功见图 3-1-6。

压肩

握棍转肩

单臂绕环

图 3-1-6

第二节 初级长拳（第三路）

一、初级长拳概述

长拳是在查拳、华拳、花拳、洪拳、炮拳、少林拳等传统拳术的基础上，根据其风格特点综合整理创编而成，而后逐渐发展起来的一种影响广泛的拳术，其主要特点是动作舒展大方、姿势雄壮、精神勇往、力法快长。长拳讲究动迅静定、快速灵活、刚劲勇猛、节奏鲜明；在技击上讲究放长击远，出拳要拧腰送肩，以发挥"一寸长一寸强"的优势。其运动既均衡又全面，能够有效地提高人体的柔韧、力量、耐力、协调、灵敏、反应、平衡等身体素质，尤其适合大学生锻炼。

二、初级长拳（第三路）动作名称

预备动作 （1）虚步亮掌 （2）并步对拳

第一段 （1）弓步冲拳 （2）弹腿冲拳 （3）马步冲拳 （4）弓步冲拳
（5）弹腿冲拳 （6）大跃步前穿 （7）弓步击掌 （8）马步架掌

第二段 （1）虚步栽拳 （2）提膝穿掌 （3）仆步穿掌 （4）虚步挑掌
（5）马步击掌 （6）插步双摆掌 （7）弓步击掌
（8）转身踢腿马步盘肘

第三段 （1）歇步抡砸拳 （2）仆步亮掌 （3）弓步劈拳
（4）换跳步弓步冲拳 （5）马步冲拳 （6）弓步下冲拳
（7）插步亮掌侧踹腿 （8）虚步挑拳

第四段 （1）弓步顶肘 （2）转身左拍脚 （3）右拍脚 （4）腾空飞脚
（5）歇步下冲拳 （6）仆步抡劈拳 （7）提膝挑掌
（8）提膝劈掌弓步冲拳

结束动作 （1）虚步亮掌 （2）并步对拳
还原

三、初级长拳（第三路）动作图解

（一）预备动作

预备势

头要端正，下颌微收，挺胸、塌腰、收腹。（见图3-2-1）

1. 虚步亮掌

三个动作必须连贯。成虚步时，重心落于右腿上，右大腿与地面接近平行；左腿微屈，脚尖点地。（见图3-2-2）

图3-2-1　　　　　　　图3-2-2

2. 并步对拳

并步后挺胸、塌腰；对拳、并步、转头要同时完成。（见图3-2-3）

图3-2-3

（二）第一段

1. 弓步冲拳

成弓步时，右腿充分蹬直，脚跟不要离地；冲拳时，尽量转腰送肩。（见图3-2-4）

2. 弹腿冲拳

弹出的腿要有爆发力，力点达于脚尖；弹腿和冲拳要协调，同时完成。（见图3-2-5）

3.马步冲拳

成马步时，大腿要成水平，两腿平行，脚跟外蹬，挺胸，塌腰。（见图3-2-6）

图 3-2-4　　　　　　　图 3-2-5　　　　　　　图 3-2-6

4.弓步冲拳

与本段的弓步冲拳动作相同，只是左右方向相反。（见图3-2-7）

5.弹腿冲拳

与本段的弹腿冲拳动作相同，只是左右方向相反。（见图3-2-8）

图 3-2-7　　　　　　　　　　图 3-2-8

6.大跃步前穿

跃步要远，落地要轻，整个动作要协调、连贯。（见图3-2-9）

图 3-2-9

7.弓步击掌

右腿猛力蹬直成左弓步。左掌经左脚面向后划弧至身后成勾手，左臂伸直，勾尖向

上，右拳由腰侧变掌向前推出，掌指向上，掌外侧向前，目视右掌。（见图3-2-10）

8. 马步架掌

抖腕、甩头要同时。马步的要求同前。（见图3-2-11）

图 3-2-10   图 3-2-11

（三）第二段

1. 虚步栽拳

落步、架拳、栽拳、转头要同时完成。（见图3-2-12）

图 3-2-12

2. 提膝穿掌

支撑腿与右臂充分伸直。（见图3-2-13）

图 3-2-13

3. 仆步穿掌

右腿全蹲，左腿向左后方铲出成左仆步。右臂不动，左掌由右胸前向下经左腿内侧，向左脚面穿出。目随左掌转视。（见图3-2-14）

4. 虚步挑掌

上步要协调，虚步要稳。（见图3-2-15）

5. 马步击掌

图3-2-14

右掌搂手时，先使臂内旋、腕伸直，手掌向下、向外转；接着臂外旋，掌心经下向上翻转，同时抓握成拳。收拳和击掌动作要同时进行。（见图3-2-16）

图3-2-15

图3-2-16

6. 插步双摆掌

两臂要画立圆，幅度要大，摆掌与后插步配合一致。（见图3-2-17）

7. 弓步击掌

左掌收至腰侧，掌心向上；右掌向上向右划弧，掌心向下。左腿后撤一步，成右弓步。右掌向下向后伸直摆动，成勾手，勾尖向上；左掌成立掌向前推出。目视左掌。（见图3-2-18）

图3-2-17

图3-2-18

8. 转身踢腿马步盘肘

两臂抡动时要画立圆，动作连贯；盘肘时要快速有力，右臂前送。（见图3-2-19）

图 3-2-19

（四）第三段

1. 歇步抡砸拳

抡臂动作要连贯完成，画成立圆；歇步要两腿交叉前蹲，左腿的大小腿靠紧，臀部贴于小腿外侧，膝关节在右小腿外侧，脚跟提起；右脚尖外撤，前脚着地。（见图 3-2-20）

图 3-2-20

2. 仆步亮掌

落步下蹲时，先成右仆步，然后迅速过渡成左仆步；成仆步时，左腿充分伸直，脚尖内扣，右腿前蹲，两脚掌前部着地；上体挺胸塌腰，稍左转。（见图 3-2-21）

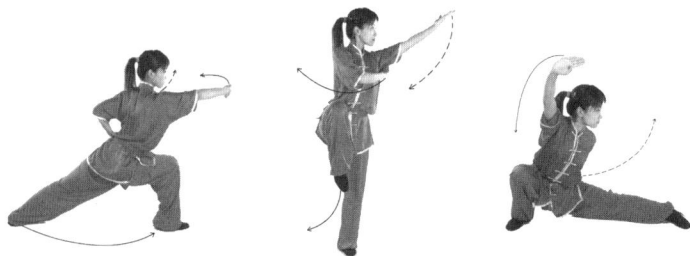

图 3-2-21

3. 弓步劈拳

左右脚上步稍带弧形。（见图 3-2-22）

图 3-2-22

4. 换跳步弓步冲拳

换跳步动作要连贯、协调；震脚时腿要弯曲，全脚掌着地；跳换步时，左脚离地不要高。（见图 3-2-23）

图 3-2-23

5. 马步冲拳

上体右转 90°，重心移至两腿中间，成马步。右拳收至腰侧，左掌变拳向左冲出，拳眼向上。目视左拳。（见图 3-2-24）

6. 弓步下冲拳

右腿蹬直，左腿弯曲，上体稍向左转，成左弓步。左拳变掌向下经体前向上架于头左上方，掌心向上，右拳自腰侧向左前斜下方冲出。目视右拳。（见图 3-2-25）

7. 插步亮掌侧踹腿

插步时上体稍向右倾斜，腿、臂的动作要一致；侧踹高度不能低于腰，着力点在脚跟。（见图 3-2-26）

图 3-2-24　　　图 3-2-25 　　　　　图 3-2-26

8. 虚步挑拳

右脚向左前方上步，脚尖点地，重心落于左脚，左腿下蹲成右虚步。左拳向后划弧收至腰侧，拳心向上，右拳向前屈臂挑出，拳眼斜向上，拳与肩同高。目视右拳。（见图3-2-27）

图 3-2-27

（五）第四段

1. 弓步顶肘

交换步时不要过高，但要快；两臂抡摆时要成圆弧。（见图3-2-28）

图 3-2-28

2. 转身左拍脚

右掌拍脚时手掌稍横过来，拍脚要准而响亮。（见图3-2-29）

3. 右拍脚

与本段的转身左拍脚相同。（见图3-2-30）

图 3-2-29   图 3-2-30

4. 腾空飞脚

蹬地要向上，不要太向前冲；左膝尽量上提；击响要在腾空时完成，此时，右臂伸直成水平。（见图3-2-31）

5. **歇步下冲拳**（见图3-2-32）

图3-2-31

图3-2-32

6. **仆步抡劈拳**

抡臂时一定要画立圆。（见图3-2-33）

图3-2-33

7. **提膝挑掌**

抡臂时要画立圆。（见图3-2-34）

8. **提膝劈掌弓步冲拳**

左腿蹬直成右弓步。右手抓握变拳收至腰侧，左拳由腰侧向左前方冲出。目视左拳。（见图3-2-35）

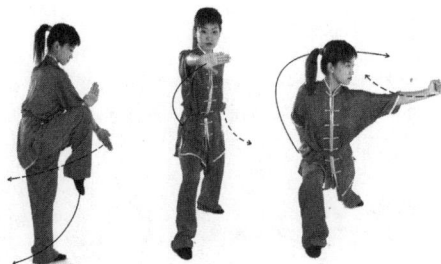

图3-2-34

图3-2-35

（六）结束动作

1. 虚步亮掌

左脚尖稍向右移，右腿下蹲成左虚步。左臂伸直向左、向后划弧成反勾手；右臂伸直向下、向右、向上划弧抖腕亮掌，掌心向前。目视左方。（见图 3-2-36）

图 3-2-36

2. 并步对拳

左脚后退半步向右脚并拢。两臂由后向上经体前屈臂下按，两掌变拳，停于腹前，拳心向下，拳面相对。目视左方。（见图 3-2-37）

还原

两臂自然下垂，目视正前方。（见图 3-2-38）

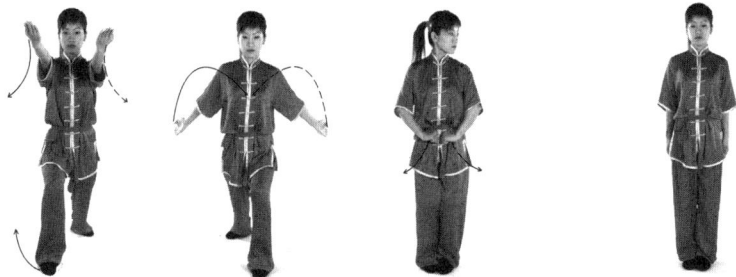

图 3-2-37   图 3-2-38

第三节 24 式简化太极拳

一、24 式简化太极拳简介

24 式简化太极拳是 1956 年由原国家体委（现国家体育总局）组织太极拳专家整编而成的。它以杨式太极拳为基础，保留了传统太极拳的主要技术内容及基本规律要领，去掉繁难和重复动作，按照由简到繁、由易到难的原则，首先安排直进动作，其次安排后退和侧行动作，重点动作安排左右式对称练习，便于练习者收到全面锻炼的效果。套路充分体现了太极拳动作柔和、缓慢、圆活、连贯的特点。整套动作分为 8 组，包括"起势"和"收势"等 24 个动作，练习时间约为 5 分钟。动作简练，易学易练，是普通高等学校体育教材的常选内容。（见表 3-3-1）

表 3-3-1

组别	动作名称			
第一组	（1）起势	（2）左右野马分鬃	（3）白鹤亮翅	
第二组	（4）左右搂膝拗步	（5）手挥琵琶	（6）左右倒卷肱	
第三组	（7）左揽雀尾	（8）右揽雀尾		
第四组	（9）单鞭	（10）云手	（11）单鞭	
第五组	（12）高探马	（13）右蹬脚	（14）双峰贯耳	（15）转身左蹬脚
第六组	（16）左下势独立	（17）右下势独立		
第七组	（18）左右穿梭	（19）海底针	（20）闪通臂	
第八组	（21）转身搬拦锤	（22）如封似闭	（23）十字手	（24）收势

二、24 式简化太极拳动作图解

第一组

（1）起势 （2）左右野马分鬃

（3）白鹤亮翅

第二组

（4）左右搂膝拗步

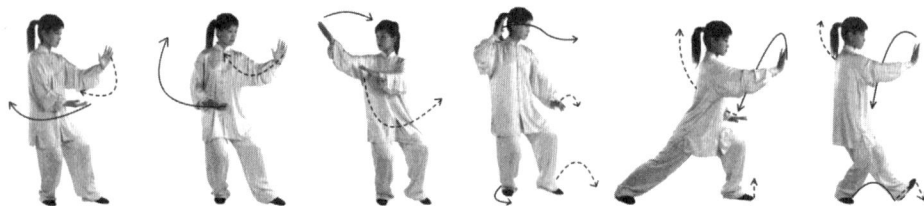

（5）手挥琵琶

（6）左右倒卷肱

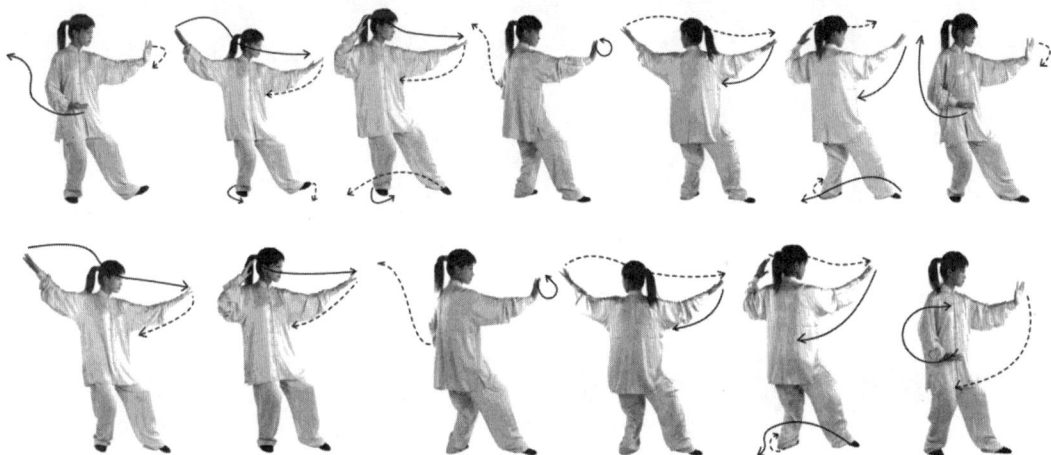

第三组

（7）左揽雀尾

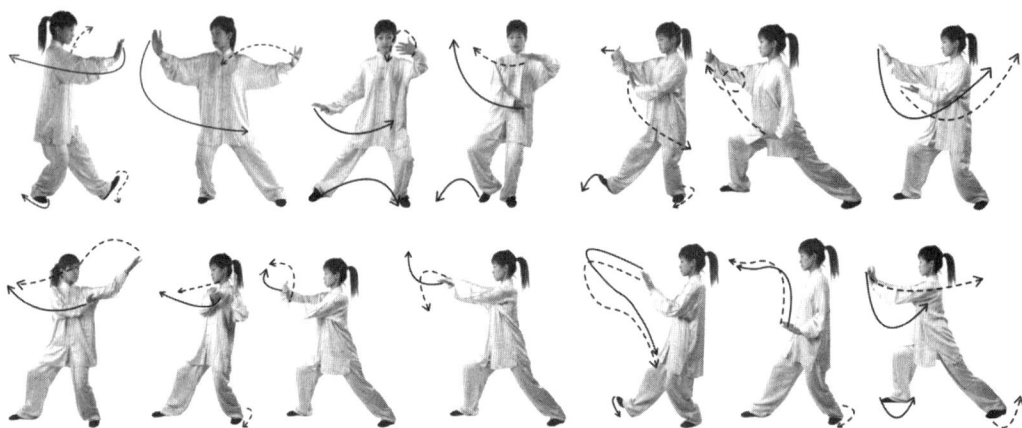

（8）右揽雀尾

第四组

（9）单鞭

（10）云手

（11）单鞭

第五组

（12）高探马　　　　（13）右蹬脚

（14）双峰贯耳

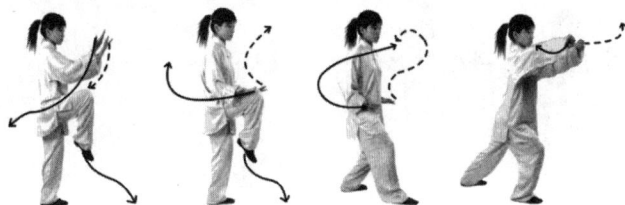

（15）转身左蹬脚

第六组

（16）左下势独立

（17）右下势独立

第七组

（18）左右穿梭

（19）海底针　　　　　　　（20）闪通臂

第八组

（21）转身搬拦锤

（22）如封似闭

（23）十字手

（24）收势

第四节　剑　道

一、剑道简介

剑道，是传统的竞技性器械武术。正式比赛通常在室内进行，因选手赤足，因此对场地木地板的质量有较高要求。选手一对一进行比赛，双方均穿剑道服，戴护具，持竹剑，按规则相互击打有效部位，由裁判计点数判胜负。亦可举行团体比赛，由选手人数相等的团体双方分别一对一决出胜负后计算总分。

"剑道"一词的文献来源是《吴越春秋》。两汉时期，中日即有兵器及冶炼铸造技术的交流往来。同时中国一脉相承的双手刀法经过日本官方派遣遣隋使和遣唐使与中国之间的官方往来，以及朝鲜半岛和大陆沿海周边地区和日本群岛的民间交流，于隋唐时期流传到了日本，传至日本的刀法经过长年战争岁月不断演变，在日趋稳定的日本江户时期，模仿日本盔甲的样式，制作了剑道护具与竹剑的基本形制，确立了日后体育剑道的雏形。一般情况下，剑道（けんどう、Kendo）专指现代剑道，又称体育剑道，是近代为了适应社会发展而改造过的武术、体育类竞技。

剑道不使用真刀，在对练时使用竹刀，但是却象征着真刀。竹刀、木刀，是剑道最基本的用品之一，比赛时，刀的前三分之一部分为劈刺的有效部位（见图3-4-1），用其他部分劈、刺是无效的。

图 3-4-1

二、剑道基础动作

学习剑道时先要学习基本姿势，叫作"自然体"。所谓自然体，就是学习剑道时的最基本的姿势。它既能应付对手的进攻，又能使自己处于轻松自然的状态。自然体被称为剑道的动作之本，剑道中某些技术的准备姿势也就是以自然体为步型的。

（一）自然体站立方法

1. 动作说明

自然体站立方法如图 3-4-2 所示。

（1）两足自然分开站立。两足间距以足跟为基准，间隔 12 ～ 15 厘米，足尖稍微向外展开，以自我感觉安定轻松为度。

（2）两膝关节似屈似伸，保持一定的强度。

（3）身体重心落在两足中间。

（4）颈部伸直，下颌内含，背部上拔。

（5）两肩放松，不能有僵硬的感觉。

（6）下腹部沉实，腰部不能松动，否则会使重心不稳。

（7）嘴唇轻轻闭上，牙齿合拢，呼吸深长。

（8）两目注视前面远方。

正面　　　　　　　侧面

图 3-4-2

2.动作要领

做自然体时，两足重心在两足的正中央，不管向前、后、左、右移动，都需保持平稳。

（二）劈刺有效部位

剑道攻击技术主要有劈刀和刺刀两种。劈、刺对手的位置是有规定的，不是攻击任何部位都可以得分。根据剑道竞赛规则，劈、刺到有效部位时，如果动作正确、合乎要求可得一本，即一分。

劈、刺的有效部位有面部、喉部、胴部、腕部四个部位。（见图 3-4-3）

图 3-4-3

第五节 八段锦

一、八段锦简介

八段锦由 8 节动作组成，因简便易学而深受人们喜爱，被比喻成"锦"（精美的丝织品），故名八段锦。八段锦是中国古代导引术的一个重要组成部分，是一套针对相应脏腑或病症而设计的健身方法。其中每一句歌诀都明确提出了动作的要领、作用和目的。功法中伸展、前俯、后仰和摇摆等动作，分别作用于人体的三焦、心肺、脾胃和肾腰等部位和器官，可以防治心火、五劳七伤等各种疾病，并有滑利关节、发达肌肉、增长气力、强壮筋骨、帮助消化和调整神经系统的功能。

八段锦之所以对人体有良好的作用，是因为它的动作对某一脏器起到一定的针对性作用，但是这种作用又是综合性、全身性的，并非头痛医头、脚痛医脚。只有把八段锦的各节动作综合起来，才能起到调脾胃、理三焦、去心火和固肾腰的作用。

二、八段锦动作说明

预备动作

（1）两脚并步站立；两臂自然垂于体侧；身体中正，目视前方。（见图 3-5-1）

（2）随着松腰沉髋，身体重心移至右腿；左脚向左侧开步，脚尖朝前，约与肩同宽；目视前方。（见图 3-5-2）

（3）两臂内旋，两手掌分别向两侧摆起，约与髋同高，掌心向后；目视前方。（见图 3-5-3）

（4）上一动作不停。两腿膝关节稍屈；同时，两臂外旋，向前合抱于腹前成圆弧形，与脐同高，掌心向内，两手掌指间距约为 10 厘米；目视前方。（见图 3-5-4）

 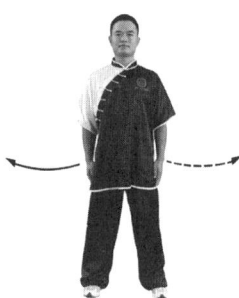  

图 3-5-1 　　　　　图 3-5-2 　　　　　图 3-5-3 　　　　　图 3-5-4

（一）两手托天理三焦

（1）接上式。两臂外旋微下落，两手掌五指分开在腹前交叉，掌心向上；目视前方。（见图 3-5-5）

（2）上一动作不停。两腿徐缓挺膝伸直；同时，两掌上托至胸前，随之两臂内旋向上托起，掌心向上；抬头，目视两掌。（见图 3-5-6）

（3）上一动作不停。两臂继续上托，肘关节伸直；同时，下颌内收，动作略停；目视前方。（见图 3-5-7）

（4）身体重心缓缓下降；两腿膝关节微屈；同时，十指慢慢分开，两臂分别向身体两侧下落，两手掌捧于腹前，掌心向上；目视前方。（见图3-5-8）

图3-5-5　　　　　　图3-5-6　　　　　　图3-5-7　　　　　　图3-5-8

本式托举、下落为1遍，共做6遍。

（二）左右开弓似射雕

（1）接上式。身体重心右移；左脚向左侧开步站立，两腿膝关节自然伸直；同时，两手掌向上交叉于胸前，两手掌心向内；目视前方。（见图3-5-9）

（2）上一动作不停。两腿徐缓屈膝半蹲成马步；同时，右掌屈指成"爪"，向右拉至肩前；左掌成八字掌，左臂内旋，向左侧推出，与肩同高，坐腕，掌心向左，犹如拉弓射箭之势；动作略停；目视左掌方向。（见图3-5-10）

（3）身体重心右移；同时，右手五指伸开成掌，向上、向右画弧，与肩同高，指尖朝上，掌心斜向前；左手指伸开成掌，掌心斜向前；目视右掌。（见图3-5-11）

（4）上一动作不停。重心继续右移；左脚回收成并步站立；同时，两手掌分别由两侧下落，捧于腹前，指尖相对，掌心向上；目视前方。（见图3-5-12）

图3-5-9　　　　　　图3-5-10　　　　　　图3-5-11　　　　　　图3-5-12

（5）动作（5）～（8）同动作（1）～（4），只是左右方向相反。（见图3-5-13～图3-5-16）

（6）本式一左一右为1遍，共做3遍。第3遍最后一动时，身体重心继续左移；右脚回收成开步站立，与肩同宽，膝关节微屈；同时，两手掌分别由两侧下落，捧于腹前，指尖相对，掌心向上；目视前方。（见图 3-5-17）

| 图 3-5-13 | 图 3-5-14 | 图 3-5-15 | 图 3-5-16 | 图 3-5-17 |

（三）调理脾胃须单举

（1）接上式。两腿徐缓挺膝伸直；同时左掌上托，左臂外旋上穿经面前，随之臂内旋上举至头左上方，肘关节微屈，力达掌根，掌心向上，掌指向右；同时，右掌微上托，随之臂内旋下按至右髋旁，肘关节微屈，力达掌根，掌心向下，掌指向前，动作略停；目视前方。（见图 3-5-18）

（2）松腰沉髋，身体重心缓缓下降；两腿膝关节微屈；同时，左臂屈肘外旋，左掌经面前落于腹前，掌心向上；右臂外旋，右掌向上捧于腹前，两掌指尖相对，相距约为10厘米，掌心向上；目视前方。（见图 3-5-19）

（3）动作（3）～（4）同动作（1）～（2），只是左右相反。（见图 3-5-20、图 3-5-21）

（4）本式一左一右为1遍，共做3遍。第3遍最后一动时，两腿膝关节微屈；同时，右臂屈肘，右掌下按于右髋旁，掌心向下，掌指向前；目视前方。（见图 3-5-22）

| 图 3-5-18 | 图 3-5-19 | 图 3-5-20 | 图 3-5-21 | 图 3-5-22 |

（四）五劳七伤往后瞧

（1）接上式。两腿徐缓挺膝伸直；同时，两臂伸直，掌心向后，指尖向下，目视前方（见图 3-5-23）。上一动作不停。两臂充分外旋，掌心向外；头向左后转。动作略停；目视左斜后方。（见图 3-5-24）

（2）松腰沉髋，身体重心缓缓下降；两腿膝关节微屈；同时，两臂内旋按于髋旁，掌心向下，指尖向前；目视前方。（见图 3-5-25）

| 图 3-5-23 | 图 3-5-24 | 图 3-5-25 |

（3）同动作（1），只是左右相反。（见图 3-5-26、图 3-5-27）

（4）同动作（2）。（见图 3-5-28）

（5）本式一左一右为 1 遍，共做 3 遍。第 3 遍最后一动时，两膝关节微屈，同时，两手掌捧于腹前，指尖相对，掌心向上；目视前方。（见图 3-5-29）

| 图 3-5-26 | 图 3-5-27 | 图 3-5-28 | 图 3-5-29 |

（五）摇头摆尾去心火

（1）接上式。身体重心左移；右脚向右开步站立，两腿膝关节自然伸直；同时，两手掌上托与胸同高时，两臂内旋，两掌继续上托至头上方，肘关节微屈，掌心向上，指尖相对；目视前方。（见图 3-5-30）

（2）上一动作不停。两腿徐缓屈膝半蹲成马步；同时，两臂向两侧下落，两手掌扶于膝关节上方，肘关节微屈，小指侧向前；目视前方。（见图 3-5-31）

（3）身体重心向上稍升起，而后右移；上体先向右倾，随之俯身；目视右脚。（见图 3-5-32）

（4）上一动作不停。身体重心左移；同时，上体由右向前、向左旋转；目视右脚。

（见图 3-5-33）

（5）身体重心右移，成马步，同时，头向后摇，上体起立，随之下颌微收；目视前方。（见图 3-5-34）

（6）动作（6）～（8）同动作（3）～（5），只是左右相反。（见图 3-5-35～图 3-5-37）

（7）本式一左一右为 1 遍，共做 3 遍。做完 3 遍后，身体重心左移，右脚回收成开步站立，与肩同宽；同时，两手掌向外经两侧上举，掌心相对；目视前方（见图 3-5-38）。随后松腰沉髋，身体重心缓缓下降。两腿膝关节微屈；同时屈肘，两手掌经面前下按于腹前，掌心向下，指尖相对；目视前方。（见图 3-5-39）

图 3-5-30　　　　图 3-5-31　　　　图 3-5-32　　　　图 3-5-33　　　　图 3-5-34

图 3-5-35　　　　图 3-5-36　　　　图 3-5-37　　　　图 3-5-38　　　　图 3-5-39

（六）两手攀足固肾腰

（1）接上式。两腿挺膝伸直站立；同时，两手掌指尖向前，两臂向前、向上举起，肘关节伸直，掌心向前；目视前方。（见图 3-5-40）

（2）两臂外旋至掌心相对，屈肘，两手掌下按于胸前，掌心向下，指尖相对；目视前方。（见图 3-5-41）

（3）上一动作不停。两臂外旋，两掌心向上，随之两手掌掌指顺腋下向后插；目视前方。（见图 3-5-42）

（4）两手掌心向内，沿脊柱两侧向下摩运至臀部；随之上体前俯，两掌继续沿腿后

向下摩运，经脚两侧置于脚面；抬头，动作略停；目视前下方。（见图3-5-43）

（5）两掌沿地面前伸，随之用手臂举动上体起立，两臂伸直上举，掌心向前；目视前方。（见图3-5-44）

（6）本式一上一下为1遍，共做6遍。做完6遍后，松腰沉髋，重心缓缓下降；两腿膝关节微屈；同时，两手掌向前下按至腹前，掌心向下，指尖向前；目视前方。（见图3-5-45）

图3-5-40　　图3-5-41　　图3-5-42　　图3-5-43　　图3-5-44　　图3-5-45

（七）攒拳怒目增气力

（1）接上式。身体重心右移，左脚向左开步；两腿徐缓屈膝半蹲成马步；同时，两掌握拳，抱于腰侧，拳眼朝上；目视前方。（见图3-5-46）

（2）左拳缓慢用力向前冲出，与肩同高，拳眼朝上；瞪目，目视左拳冲出方向。（见图3-5-47）

（3）左臂内旋，左拳变掌，虎口朝下；目视左掌（见图3-5-48）。左臂外旋，肘关节微屈；同时，左掌向左缠绕，变掌心向上后握固；目视左拳。（见图3-5-49）

图3-5-46　　　　图3-5-47　　　　图3-5-48　　　　图3-5-49

（4）屈肘，左拳回收至左腰侧，拳眼朝上；目视前方。（见图3-5-50）

（5）动作（4）～（6）同动作（1）～（3），只是左右相反。（见图3-5-51～图3-5-54）

（6）本式一左一右为1遍，共做3遍。做完3遍后，身体重心右移，左脚回收成并

步站立；同时，两拳变掌，自然垂于体侧；目视前方。（见图3-5-55）

图3-5-50　　　　　　　图3-5-51　　　　　　　图3-5-52

图3-5-53　　　　　　　图3-5-54　　　　　　　图3-5-55

（八）背后七颠百病消

（1）接上式。两脚脚跟提起；头上顶，动作略停；目视前方。（见图3-5-56）

（2）两脚跟下落，轻震地面；目视前方。（见图3-5-57）

（3）本式一起一落为1遍，共做7遍。

图3-5-56　　　　　　　　图3-5-57

收势

（1）接上式。两臂内旋，向两侧摆起，与髋同高，掌心向后；目视前方。（见图3-5-58）

（2）两臂屈肘，两掌相叠置于丹田处（男性左手在内，女性右手在内）；目视前

方。（见图 3-5-59）

（3）两臂自然下落，两手掌轻贴于腿外侧；目视前方。（见图 3-5-60）

图 3-5-58   图 3-5-59   图 3-5-60

第四章

形体健身运动

第一节　健美操

健美操百科

一、健美操概述

（一）健美操的概念

健美操是一项以有氧运动为基础，以健、力、美为特征，融音乐、体操、舞蹈为一体的体育运动。它既是健身美体、陶冶情操的大众健身方式，又是竞技运动的一个项目。

20 世纪 80 年代以来，健美操以其强大的生命力风靡世界。美国著名演员、健美操的代表人物简·方达根据自己健身的体会和经验编写的《简·方达健美操》一书，自 1981 年出版后，引起了世界性的轰动。她从节食、药物等减肥法的失败中吸取教训，走上了以体育锻炼，特别是用健美操来保持身体健美的道路。她认为健美操可以改变形体，消除身上多余的脂肪，增加肌肉的弹性，使身体和心理感觉更加良好。简·方达通过自己用健美操来保持身体健康和体态苗条的成功经验进行现身说法，为健美操在世界范围内的推广做出了贡献。

健美运动与健美操运动的区别

健美运动通过各种静态的造型动作来体现运动员身体各部位肌肉的线条曲线及肌肉发达程度，通过造型来展现运动员健美的形体。而健美操运动集舞蹈、体操、音乐于一体，要求练习者身材匀称，有一定的肌肉组织，且通过成套动作来展现练习者的身体协调、柔韧、灵敏和力量等身体素质。虽然两项运动在名称上仅差一个字，但绝对不能将健美运动与健美操运动等同起来，它们是两项截然不同的体育项目。

（二）健美操的分类

健美操分为健身性健美操和竞技性健美操两大类（见表4-1-1）。健身性健美操以有氧运动为主，锻炼形式多种多样，如拉丁操、搏击操、水中健身操等，适合大众练习。竞技性健美操是一种更高层次的健美操运动，更具有观赏性，它比健身性健美操更加激烈，更能体现出力与美结合的特色。近几年，我国健美操运动也在迅速发展，竞技健美操已被纳入了体育竞赛项目。

表4-1-1　健美操的分类

分类			内容
健身性健美操	徒手健美操	一般健美操	传统有氧健美操
		不同风格健美操	搏击操、拉丁操、街舞健身操
	表演性健美操	器械健美操	踏板操、哑铃操、橡皮筋操、健身球操
		特殊场地健美操	水中健美操、固定器械健美操
竞技性健美操	自编竞技健美操		男子、女子单人操 混合双人操 三人、集体五人操，有氧舞蹈，有氧踏板操
	规定竞技等级健美操		成年组 青少年组

二、健美操基本技术

健美操的基本动作由基本手型、基本步法和上肢动作组成。

（一）基本手型

健美操的基本手型如图4-1-1所示。

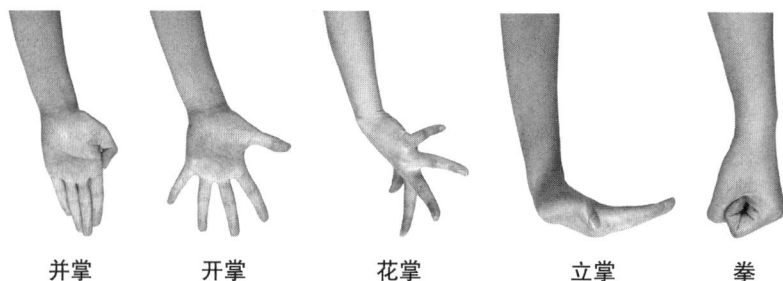

并掌　　开掌　　花掌　　立掌　　拳

图4-1-1

基本步法（大众）

（二）基本步法

健美操的基本步法是根据人体运动时对地面的冲力大小而划分的，包括低冲击力步法、高冲击力步法和无冲击力步法。

1. 低冲击力步法

低冲击力步法包括四大类：踏步类、点地类、迈步类和抬腿类。

（1）踏步类：踏步的主要基本步法有踏步（见图 4-1-2）、走步（见图 4-1-3）、一字步（见图 4-1-4）、 V 字步（见图 4-1-5）和漫步（见图 4-1-6）等。

图 4-1-2　　　　图 4-1-3　　　　　　　图 4-1-4

图 4-1-5　　　　　　　　　　图 4-1-6

（2）点地类：点地的基本步法主要有脚跟点地、脚尖向前或向侧点地。（见图 4-1-7）

脚尖前点　　　　脚跟前点　　　　脚尖侧点　　　　脚尖后点

图 4-1-7

（3）迈步类：迈步的基本步法主要有并步（见图 4-1-8）、迈步屈腿（见图 4-1-9）、迈步吸腿、迈步踢腿（见图 4-1-10）和交叉步（见图 4-1-11）等。

图 4-1-8

图 4-1-9

图 4-1-10

图 4-1-11

（4）抬腿类：抬腿的基本步法主要有吸腿（见图 4-1-12）、踢腿（见图 4-1-13）、弹踢（见图 4-1-14）和后屈腿（见图 4-1-15）等。

图 4-1-12　　　　图 4-1-13

图 4-1-14

图 4-1-15

2. 高冲击力步法

高冲击力步法包括四大类：迈步起跳、双脚起跳、单脚起跳、后踢腿跑。

（1）迈步起跳的基本步法有并步跳（见图 4-1-16）、迈步吸腿跳（见图 4-1-17）和迈步后屈腿跳（见图 4-1-18）等。

图 4-1-16

图 4-1-17

图 4-1-18

（2）双脚起跳的基本步法有并立纵跳（见图 4-1-19）、开合跳（见图 4-1-20）和弓步跳（见图 4-1-21）等。

图 4-1-19　　　　　　　　　　图 4-1-20　　　　　　　　　　图 4-1-21

（3）单脚起跳的基本步法有踢腿跳（见图 4-1-22）等。

（4）后踢腿跑。（见图 4-1-23）

图 4-1-22　　　　　　　　　　图 4-1-23

3. 无冲击力步法

无冲击力步法是指双脚不离开地面的动作。它包括双膝弹动（见图 4-1-24）、半蹲（见图 4-1-25）、弓步（见图 4-1-26）和提踵（见图 4-1-27）等。

图 4-1-24　　　　图 4-1-25　　　　　　图 4-1-26　　　　图 4-1-27

（三）上肢基本动作

1. 自然摆动

屈肘前后摆动，可以同时或依次摆动。（见图 4-1-28）

2. 臂屈伸

上臂固定，肘屈伸。臂屈时肱二头肌收缩，臂伸时肱三头肌收缩。（见图 4-1-29）

图 4-1-28   图 4-1-29

3. 直臂上摆
臂由下摆至前平举或侧平举。（见图 4-1-30）

4. 冲拳
握拳由腰间冲至某位置。（见图 4-1-31）

5. 屈臂提拉
臂由下举至胸前平屈。（见图 4-1-32）

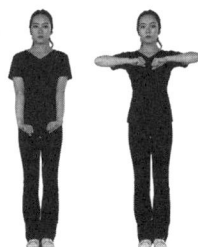

图 4-1-30   图 4-1-31   图 4-1-32

6. 推
手掌由肩侧推至某位置。（见图 4-1-33）

图 4-1-33

三、健美操锻炼中应注意的问题

（一）重视热身和放松

充分的热身会促进血液循环，使肌肉柔韧、放松。有人喜欢在健身前先做拉伸运动，当作是在热身，其实这是错误的。拉伸冷的肌肉很困难，而且易拉伤。拉伸训练一定要放在热身操与跑跳操之后。

放松、恢复过程对体内循环是十分必要的，它能使机体由工作状态逐渐恢复到训练前的状态。应遵循的基本原则是不要突然停止训练，仍应保持运动状态，并注意动作应由快变慢、由大变小，千万不能站着不动或坐下与朋友谈话，更不能省略恢复阶段就结束训练。

（二）重视鞋的选择

在做健身操时，一定要穿舒适的运动鞋。它能使锻炼者的腿脚和关节在长时间的、高冲击的运动中得到有效的保护，还可预防运动损伤。

（三）监测心率，使之达到预测心率范围

建议锻炼者在训练期间要监测心率，特别是在刚开始练时，通常是按腕关节外的动脉，测量 15 秒内的脉搏次数（第 1 次跳动是 0，而不是 1），然后乘以 4，以便监测每分钟的心率。

（四）选用适当的音乐

为避免训练枯燥乏味，同时缓解训练中精神和心理上的压力、调节肌肉运动，需要选择适当的音乐。动作尽量按音乐节奏去做，在做伸拉操和放松操时可选用舒缓、流畅的轻音乐。

（五）训练次数

一周最好练 3～4 次，也就是隔天一练比较好。

（六）排除"竞争"的想法

训练期间如有"竞争""拼命"的想法，对健身是有害的。应始终保持沉着、放松、稳健的精神状态。

（七）在训练前后要饮用适当的水

训练过程中，大量的出汗会损耗体内 1% 的液体，从而使锻炼者的气力、速度、耐力

以及心脏的输出能力都有所减弱，因此，在训练前1～2小时和训练中都要饮用一些纯净水或凉开水。在训练后也要有计划地饮用一些水，不要等到口渴了才补水。

第二节　瑜　伽

瑜伽百科

一、瑜伽概述

瑜伽起源于五千多年前的古印度。瑜伽"Yoga"来自梵文，意为自我和原始动因的结合。它的含义是心灵、肉体和精神结合到最和谐的状态，即在身心处于相对稳定、平衡的状态下进行健身。

瑜伽起源于印度，流行于世界，是东方最古老的强身术之一，也是目前最时尚的健身运动方式之一。

瑜伽能以其独特的、温和的运动方式达到显著的、较好的健身效果。在平静的心境下练习瑜伽，能排除杂念，放松肌肉，舒展肢体，安静神经，塑身美体，给练习者以长远的身心影响。

经常进行瑜伽锻炼，能有效地保护和增强心肺功能，特别是有意识的呼吸法练习能降低血压、减缓心率，对控制高血压、防止心血管系统疾病的发生和发展有良好效果。瑜伽练习能有效地增强和保持肌肉、骨骼、关节等运动系统的功能，预防骨质疏松症，改善神经系统，使之平衡，还能增强免疫系统的功能，更有益于抵御疾病。

二、瑜伽基本技术

（一）入门与基础

1. 瑜伽的基本坐姿

（1）简易坐

坐于地面，两腿向前伸直。屈双膝，两腿在小腿处交叉，两手抓住脚尖向后拉，膝关节下沉。

简易坐

（2）半莲花坐

保持上一体位，将左脚放到右大腿根部上。

（3）莲花坐

保持上一体位，将右脚抽出，放于左大腿根部上。

莲花坐

2. 瑜伽常用手印

（1）智慧手印

食指抵住拇指中段，其余手指自然伸直。

（2）能量手印

无名指、中指和拇指捏在一起，其余手指自然伸展。

（3）合十印

十指并拢，双手合掌，拇指相扣。

3. 瑜伽呼吸法

（1）腹式呼吸

仰卧，左手或右手放于肚脐处。吸气，将气息吸入腹部，使腹部扩张。呼气，腹部向内，朝脊柱方向回收。

（2）胸式呼吸

仰卧，吸气，将气息吸入胸部，使胸部区域扩张，呼气，气息下沉。

（3）完全式呼吸

把以上两种呼吸方法结合起来完成。

（二）瑜伽套路

1. 热身套路

动作名称及顺序：头部运动—肩部练习—肘部练习—脚趾练习—脚踝练习—半莲花膝部练习—动物放松功。

热身套路

2. 初级瑜伽套路

（1）动作名称及顺序

山式—风吹树式—三角伸展式—三角侧伸展式—战士第一式和战士第二式—蹲式—简化脊柱扭动式—圣哲玛里琪第一式—猫伸展式—虎式—上抬腿式—犁式系列—挺尸式。

（2）动作详解

①山式：并腿站立，两脚脚跟、大脚趾并拢，重心在两腿之间；目视前方，双臂垂于体侧，指尖朝下（见图4-2-1）。保持姿势1分钟。

【要点】收紧踝关节、膝关节、大腿内侧、臀部和腹部，骶骨回收。上体挺直，双肩松沉，立颈。

山式

【功效】拉长身体线条，使体态更加挺拔，消除腹部和臀部的脂肪。

②风吹树式：接上一体位，两脚打开与肩同宽；双臂于头顶合掌。（见图4-2-2）

十指交叉，翻转掌心向上。呼气，上体右侧屈；转头看上方，保持数秒。反侧练习。（见图4-2-3）

【要点】身体侧屈时，下半身不动，髋部前推，背部保持在一个平面上。

【功效】消除腰部、腹部的多余脂肪，增强身体的灵活性。

图 4-2-1　　　　图 4-2-2　　　　图 4-2-3

③三角伸展式：山式站立。双脚打开约 3 个肩宽，右脚外展 90°，左脚内扣 30°，两臂侧平举。（见图 4-2-4）

呼气，身体右侧屈，右手指尖触地，两臂呈一直线。转头看左手（见图 4-2-5）。呼气，左手放下贴耳根（见图 4-2-6），保持数秒。反侧练习。

【要点】向侧弯腰时，注意将髋部向前推，避免上体有向前屈的倾向。

【功效】有益于胸部、腿部；可帮助消化；减少腰部脂肪。

三角伸展式

图 4-2-4　　　　　图 4-2-5　　　　　图 4-2-6

④三角侧伸展式：预备势同"三角伸展式"。屈右膝，右大腿平行于地面。两臂侧平举。呼气，身体右侧屈，右手手掌于右脚外缘扶地，左手贴耳根。转头看上方（见图 4-2-7），保持数秒。身体还原，反侧练习。

【要点】保持姿势时，胸、髋、臂呈一条直线；还原时，手、躯干、脚依次回到基本站立。

【功效】同"三角伸展式"。

⑤战士第一式和战士第二式：

战士第一式：预备势同"三角伸展式"。 屈右膝，右大腿平行于地面，两臂侧平举。身体右转（见图 4-2-8）。呼气，头后仰，目视指尖。两臂于头顶上方合掌（见图 4-2-9），保持数秒。呼气，上体前倾，保持数秒（见图 4-2-10）。还原站姿，反侧练习。

战士第一式

战士第二式：接一式。由基本站立式开始，呼气，转头看右手指尖，保持数秒。还原站姿，反侧练习。（见图 4-2-11）

【要点】一式中手臂上举时，肩膀松沉，伸展背部，手和背部呈一直线。

【功效】强化双踝、双膝、双髋和双肩；扩展胸腔，提高肺活量，对肺部有益。

战士第二式

| 图 4-2-7 | 图 4-2-8 | 图 4-2-9 | 图 4-2-10 | 图 4-2-11 |

⑥蹲式：由山式站立开始，两脚开立，宽于肩。两手于腹前十指相交，两臂下垂。（见图 4-2-12）

呼气，屈膝下蹲。每降低一个高度，先恢复直立，再次下蹲，重心比前次略低。最后下蹲到两手略高于地面，重复练习。（见图 4-2-13、图 4-2-14）

【要点】下蹲时，呼气；起身时，吸气。

【功效】强化双踝、双膝、两大腿内侧和子宫周围的肌肉。

| 图 4-2-12 | 图 4-2-13 | 图 4-2-14 |

⑦简化脊柱扭动式：坐姿，双腿伸直并拢，绷脚面；立腰，目视前方；双手于体侧打开。（见图 4-2-15）

屈右膝，右脚放于左膝外侧（见图 4-2-16）。左肘抵住右膝外侧，身体右转，双手于体侧打开（见图 4-2-17），屏息数秒。还原坐姿，反侧练习。

【要点】上体扭转时，保持腰背部向上立直。

【功效】同"脊柱扭动式"，只是效果稍逊。

图 4-2-15　　　　图 4-2-16　　　　　　图 4-2-17

⑧圣哲玛里琪第一式：接上体位，屈右膝，脚跟靠近臀部。（见图 4-2-18）

上体前倾，右手由内向外抱住右腿，双手背后相扣（见图 4-2-19），保持数秒。呼气，上体前屈，额头贴近左膝（见图 4-2-20），保持数秒。还原坐姿，反侧练习。

【要点】初学者很难弯身，不要勉强，达到自己能力所及的位置即可，但尽量保持腰背部立直。

【功效】使内脏保持强壮健康；可改善支气管炎或肠胃问题；使背部、肩部、两臂和两腿强壮。

图 4-2-18　　　　图 4-2-19　　　　　　图 4-2-20

⑨猫伸展式：跪立。两膝、两手着地成"四脚"姿势。目视前方。（见图 4-2-21）

吸气抬头，塌腰翘臀（见图 4-2-22），屏息数秒。呼气，低头含胸，拱背收腹（见图 4-2-23），保持数秒，重复练习。

【要点】"四脚"姿势：两臂、大腿与地面垂直，腰背与地面平行。

【功效】有效消除腰部、腹部脂肪，丰满胸部；增强脊柱灵活性；按摩腹部脏器，促进消化。

猫式

图 4-2-21　　　　图 4-2-22　　　　　　图 4-2-23

⑩虎式：接上一体位。右腿上抬，保持数秒。（见图 4-2-24）

呼气，屈右膝，膝关节向前靠近胸部。低头拱背，鼻尖触膝（见图 4-2-25），保持数秒。重复几次，反侧练习。

【要点】屈膝向前时，脚背、膝关节离地。

虎式

【功效】强壮脊柱神经和坐骨神经；减少髋部和大腿区域的脂肪，强壮生殖器官。

⑪上抬腿式：仰卧，两腿伸直并拢，两臂放于体侧，掌心朝下。（见图4-2-26）

图4-2-24　　　　　　　　图4-2-25　　　　　　　　图4-2-26

两腿离地，依次控腿与地面成30°、60°、90°角（见图4-2-27～图4-2-29），每个高度保持数秒。缓慢还原，勿猛然落下双腿。休息片刻，重复练习。

【要点】抬腿时，膝关节伸直，上体平贴地面。

【功效】增强腿部、背部力量；消除腰部脂肪；补养腹部脏器，刺激消化过程，有助于消除便秘。

图4-2-27　　　　　　　　图4-2-28　　　　　　　　图4-2-29

⑫犁式：仰卧，两腿伸直并拢。两臂放于体侧，掌心朝下。

两掌按地，两腿举起垂直于地面（见图4-2-30）。呼气，两腿摆至头后，脚趾触地，双臂伸过头后（见图4-2-31、图4-2-32）。保持数秒，缓慢还原。

【要点】两腿摆至头后时，臀部和下背部离地，头部不要离开地面。

【功效】滋养脊柱神经，消除肩部和肘部僵硬感；促进消化功能，消除胃胀，调理月经失调等。

图4-2-30　　　　　　　　图4-2-31　　　　　　　　图4-2-32

⑬侧犁式：接上体位。两手推背，使背部垂直于地面（见图4-2-33）。呼气，两腿

转向右侧（见图4-2-34），保持数秒。呼气，两腿转向左侧，保持数秒，恢复犁式。

【要点】两腿转向另一侧时，保持胸和两肩不动。

【功效】同"犁式"，还可以促进排泄通畅。

图4-2-33　　　　　　　　　图4-2-34

⑭双角犁式：接上体位。两腿向两侧最大限度分开，保持数秒，恢复犁式。（见图4-2-35）

【要点】尽量抬起脚跟使下背部抬起得更高些，伸展腘旁肌肉群。

【功效】同"犁式"，还可以伸展和锻炼双腿。

⑮挺尸式：放松姿势。仰卧，两腿自然放于地面，两臂放于体侧，掌心朝上。（见图4-2-36）

【要点】闭上双眼，放松全身，平静自然地呼吸，调整自己的呼吸。

【功效】消除神经紧张，使心灵得到安静。

图4-2-35　　　　　　　　　图4-2-36

第三节　体育舞蹈

一、体育舞蹈概述

体育舞蹈百科

（一）体育舞蹈的起源与发展

体育舞蹈的前身是交际舞，起源于欧洲、拉丁美洲，经历了圈舞、对舞、集体舞等民间舞蹈演变过程，成为流传广泛的社交舞蹈。1925年，英国皇家舞蹈教师协会正式颁布了华尔兹（慢三步）、探戈、狐步、快步等舞种的步法，总称摩登舞。

1950年，由英国摩登舞国际理事会主办了首届世界性的舞蹈大赛黑池舞蹈节，并把规范后的舞蹈命名为国际标准交谊舞，我国简称"国标"。此后每年的5月底，在英国的黑池都会举办一届世界性的国际标准交谊舞大赛。国际标准交谊舞通过比赛在世界各地不断推广，其自身也得到了发展。1960年，英国皇家舞蹈教师协会整理了拉丁舞蹈，并将它纳入国际标准交谊舞范畴。这样就形成了具有统一舞步的、两大系列10个舞种的国际标准交谊舞。

体育舞蹈的发展离不开体育舞蹈组织的管理、组织以及推广工作。目前国际上存在两个国际体育舞蹈组织：世界舞蹈理事会和国际体育舞蹈联合会。世界舞蹈理事会由世界舞蹈及体育舞蹈理事会更名而来，前身是国际舞厅舞理事会。国际舞厅舞理事会于1950年9月22日在英国苏格兰的爱丁堡成立，注册地为英国伦敦，主要管理职业体育舞蹈事务和比赛。国际体育舞蹈联合会1935年成立于捷克布拉格，注册地为瑞士洛桑，主要管理业余体育舞蹈事务和比赛。该组织于1997年获得国际奥委会的正式承认，并且成为唯一的代表体育舞蹈的国际组织。2000年，体育舞蹈首次成为悉尼奥运会表演项目。目前，世界各国将国际标准交谊舞更名为"体育舞蹈"，成为体育运动项目之一。国际标准交谊舞于20世纪30年代传入中国，自1986年被正式引进后，发展迅速。1991年5月，中国体育舞蹈运动协会成立，现在是国际体育舞蹈联合会的正式会员。

（二）体育舞蹈的分类

体育舞蹈按舞蹈的风格和技术结构，分为摩登舞和拉丁舞两大类。按竞赛项目可分成三类：摩登舞、拉丁舞和团体舞。摩登舞包括华尔兹、探戈、狐步、快步和维也纳华尔兹五种。拉丁舞包括桑巴、恰恰恰、伦巴、斗牛舞和牛仔舞五种。

体育舞蹈动作术语解释

1. 准线：指的是双脚的位置或双脚方向与房间的位置。
2. 平衡：舞蹈者身体重心的准确分配。
3. 基本舞步：构成特定舞蹈的基调舞步型。

二、体育舞蹈基本技术

（一）华尔兹

华尔兹又称慢三步，节拍为$\frac{3}{4}$拍，速度为28～30小节/分，节奏为蓬（强）、嚓

（弱）、嚓（弱）。动作流畅幅度大、重心起伏跌宕、步法婉转曼妙、舞姿华丽典雅、速度慢、节奏明显，初学者易于掌握。

1. 手型

女：拇指和中指向里合，其余三指向上翘起。

男：拇指向里合，其余四指并拢，或拇指向里合，食指向上翘，其余三指并拢。

2. 站立姿势

（1）直立：身体保持立正姿势，脚跟合拢，脚尖打开，成八字步站立。

（2）起踵立：前脚掌支撑，脚跟向上抬起，使脚面与腿在同一条垂直线上。

（3）点地立：一条腿直立或微屈支撑，另一条腿绷直脚面，脚尖在前（侧、后）方点地。

3. 握抱姿势

华尔兹的握抱姿势有闭式舞姿、敞式舞姿和外侧舞姿。

4. 基本舞步

（1）左脚并换步（闭式舞姿的基本握持）（见图 4-3-1）

男步	女步
1拍：左脚前进一步。	1拍：右脚后退一步。
2拍：右脚经左脚旁横步稍向前。	2拍：左脚经右脚旁横步稍向后。
3拍：左脚并右脚，重心在右脚。	3拍：右脚并左脚，重心在左脚。

1拍   2拍   3拍

图 4-3-1

（2）左转步（闭式舞姿的基本握持）（见图 4-3-2）

男步	女步
1拍：左脚前进一步，开始左转。	1拍：右脚后退一步，开始左转。
2拍：右脚经左脚旁横步，左转90°。	2拍：左脚经右脚旁横步，左转135°。
3拍：左脚并右脚，左转45°，重心在左脚。	3拍：右脚并左脚，重心在右脚。
4拍：右脚后退一步，稍左转。	4拍：左脚前进一步，稍左转。

5拍：左脚经右脚旁横步，左转135°。

6拍：右脚并左脚，重心在右脚。

5拍：右脚经左脚旁横步，左转90°。

6拍：左脚并右脚，左转45°，重心在左脚。

1拍　　2拍　　3拍　　4拍　　5拍　　6拍

图 4-3-2

（3）右脚并换步（闭式舞姿的基本握持）（见图4-3-3）

男步

1拍：右脚前进一步。

2拍：左脚经右脚旁横步稍向前。

3拍：右脚并左脚，重心在右脚。

女步

1拍：左脚后退一步。

2拍：右脚经左脚旁横步稍向后。

3拍：左脚并右脚，重心在左脚。

1拍　　　　2拍　　　　3拍

图 4-3-3

（4）右转步（闭式舞姿的基本握持）（见图4-3-4）

男步

1拍：右脚前进一步，开始左转。

2拍：左脚经右脚旁横步，右转90°。

3拍：右脚并左脚，右转45°，重心在右脚。

4拍：左脚后退一步。

5拍：右脚经左脚旁横步，右转135°。

女步

1拍：左脚后退一步，开始右转。

2拍：右脚经左脚旁横步，右转135°。

3拍：左脚并右脚，重心在左脚。

4拍：右脚前进一步，右转。

5拍：左脚经右脚旁横步稍前，右转90°。

6 拍：左脚并右脚，重心在左脚。　　　　6 拍：右脚并左脚，右转 45°，

　　　　　　　　　　　　　　　　　　　　　　　重心在右脚。

1 拍　　　2 拍　　　3 拍　　　4 拍　　　5 拍　　　6 拍

图 4-3-4

（5）叉形步（由闭式位到开式位基本舞姿）（见图 4-3-5）

男步　　　　　　　　　　　　　　女步

1 拍：左脚前进一步。　　　　　　　1 拍：右脚后退一步。

2 拍：右脚横步稍向前，左转 45°。　2 拍：左脚经斜后退，右转 90°。

3 拍：左脚在右脚后交叉，重心在左脚。3 拍：右脚在左脚后交叉，重心在右脚。

1 拍　　　　　　2 拍　　　　　　3 拍

图 4-3-5

（6）侧行追步（由开式位到交叉位基本舞姿）（见图 4-3-6）

男步　　　　　　　　　　　　　　女步

1 拍：右脚前进并交叉于反身动作位置。1 拍：左脚前进并交叉于反身动作位
　　　　　　　　　　　　　　　　　　　置，开始左转。

2 拍：左脚横步稍前。　　　　　　　2 拍：右脚横步，左转 45°。

哒拍：右脚并左脚。　　　　　　　　哒拍：左脚并右脚。

3 拍：左脚横步稍前。　　　　　　　3 拍：右脚后退一步，左转 45°。

| 1拍 | 2拍 | 哒拍 | 3拍 |

图 4-3-6

（7）蹉蹰换步（闭式舞姿的基本握持）（见图 4-3-7）

男步

1拍：左脚后退一步，准备右转。

2拍：右脚横步（小步拉左脚跟），
右转 135°。

3拍：左脚虚点于右脚旁，完成转动。

女步

1拍：右脚前进一步，准备右转。

2拍：左脚经斜后退，右转 135°。

3拍：右脚虚点于左脚旁，完成转动。

| 1拍 | 2拍 | 3拍 |

图 4-3-7

（8）右旋转步（闭式舞姿的基本握持）（见图 4-3-8）

男步

1拍：右脚前进一步开始右转。

2拍：左脚经右脚旁横步，右转 90°。

3拍：右脚并左脚，右转 45°，
重心在右脚。

4拍：左脚后退右脚保持反身动作位置，
右轴转 180°。

5拍：右脚前进一步，右转。

6拍：左脚横步稍后，右转 135°，
重心在左脚。

女步

1拍：左脚后退一步，开始右转。

2拍：右脚经左脚旁横步，右转 135°。

3拍：左脚并右脚，转动完重心在左脚。

4拍：右脚前进，右轴转 135°。

5拍：左脚后退并稍向左侧，右转。

6拍：右脚经左脚旁斜进，右转 135°。

1拍   2拍   3拍   4拍   5拍   6拍

图 4-3-8

（二）伦巴

伦巴起源于古巴，被称为"拉丁舞之灵魂"。伦巴是激情与爱之舞，它的特点是：在音乐上缠绵深情，舞步上婀娜多姿，动作上缓慢舒展，风格上柔美抒情，令人陶醉。伦巴与恰恰恰是姐妹舞，动作名称和身体姿态大多相似。

1. 握持姿势

（1）闭式舞姿

男女相对，相距 15 厘米，重心可在任意脚（男女相反）。男士的右手扶在女士背阔肌外缘；男士左手四指并拢、虎口张开，与女士右手相握，两前臂内侧贴近，肘部下缘平于女士胸膈膜线。女士的左臂轻靠在男士右臂上方，左手放在男士右肩上。

（2）开式舞姿

男女相对，分开约一臂距离，重心可落在任意脚（男女相反），另一脚向侧打开，脚尖点地。男士左手手心向上，握住女士右手的四指，相握的手臂略弯曲。男士的右臂和女士的左臂向外侧伸出并略下收、弯曲，与肩成一条柔和曲线。

2. 基本舞步

（1）十字步（见图 4-3-9 ～图 4-3-11）

①前进十字步

【准备】左脚侧点的开式舞姿。

【做法】

2 拍：左脚前进一步。

3 拍　男：右脚在原地。

4-1 拍　男：左脚左横一步。

②后退十字步

【做法】

2 拍：右脚后退一步。

伦巴舞基本步

3 拍：左脚在原地。

4-1 拍：右脚右横一步。

伦巴舞纽约步

图 4-3-9　　　　　　图 4-3-10　　　　　　图 4-3-11

（2）纽约步（见图 4-3-12 ～图 4-3-14）

【准备】左脚侧点的开式舞姿。

【做法】

2 拍　男：左脚前进在分式相对侧行位置脚尖外转，右转 1/4 周。女：右脚前进在分式相对侧行位置脚尖外转，左转 1/4 周。

3 拍　男：右脚在原地。女：左脚在原地。

4-1 拍　男：左脚向侧，左转 1/4 周。女：右脚向侧，右转 1/4 周。

图 4-3-12　　　　　　图 4-3-13　　　　　　图 4-3-14

（3）定点转（见图 4-3-15 ～图 4-3-17）

【准备】右脚侧点的开式舞姿。

【做法】

2 拍　男：右脚向左前交叉点步，左转 1/4 周。女：左脚向前交叉点步，右转 1/4 周。

伦巴舞定点转

3 拍　男：左转 1/2 周，重心移向左脚。女：右转 1/2 周，重心移向右脚。

4-1 拍　男：左转 1/4 周，成双拉手势。女：右转 1/2 周，成双拉手势。

【要点】& 拍转体时一定要收紧身体，注意动力脚必须经主力脚迈出。

图 4-3-15 　　　　　图 4-3-16 　　　　　图 4-3-17

（4）手接手（见图 4-3-18～图 4-3-20）

【准备】左脚侧点的开式舞姿。

【做法】

2 拍　男：左脚后退一步，左转 1/4 周，右手向前单拉手势。女：右脚后退一步，右转身 1/4 周，左手向前单拉手势。

伦巴舞手接手

3 拍　男：右脚在原地，右肩与女伴左肩相靠。女：左脚在原地，左肩与男伴右肩相靠。

4-1 拍　男：左脚左横步，右转身 1/4 周，成双拉手势。女：右脚右横步，左转身 1/4 周，成双拉手势。

2 拍　男：右脚后退一步，右转 1/4 周，成单拉手势。女：左脚后退一步，左转身 1/4 周，成单拉手势。

3 拍　男：左脚在原地，左肩与女伴右肩相靠。女：右脚在原地，右肩与男伴左肩相靠。

4-1 拍　男：右脚右横步，左转身 1/4 周，成双拉手势。女：左脚左横步，右转身 1/4 周，成双拉手势。

图 4-3-18 　　　　　图 4-3-19 　　　　　图 4-3-20

（5）扇形步（见图 4-3-21～图 4-3-23）

【做法】

2 拍　男：右脚后退。女：左脚前进。

3 拍　男：左脚在原地，左转 1/8 周。女：右脚向侧稍后（脚尖内转），左转 1/8 周。

4-1 拍　　男：右脚向右横步稍前。女：左脚向左后退，左转 1/4 周，重心左移。

图 4-3-21　　　　　　　　　图 4-3-22　　　　　　　　　　图 4-3-23

（三）恰恰恰

恰恰恰起源于墨西哥，每个数字占一拍，其中恰恰各占半拍。恰恰恰的音乐有趣，节奏感强，舞态花俏，舞步利落紧凑，跳起来活泼可爱，在全世界广泛流行。

恰恰恰完整示范

1. 握持姿势

恰恰恰的握持姿势与伦巴的握持姿势相同。

恰恰恰基本步

2. 基本舞步

（1）横移步（合并步）

预备时双脚脚踝并拢，腿部肌肉自然收紧，双手打开。（见图 4-3-24 ～图 4-3-28、表 4-3-1）

图 4-3-24　　　　图 4-3-25　　　　图 4-3-26　　　　图 4-3-27　　　　图 4-3-28

表 4-3-1

步数	脚位	节奏
1	左脚向左侧迈出一小步，同时左腿弯曲，左脚尖落地，膝盖和脚踝均关闭向内扣，胯向右侧打开，右侧身体直立拉起，重心在右脚上，右脚跟落地	2
2	将左腿迅速用力伸直，右脚贴地向左拉动，右脚脚踝与左脚脚踝紧贴，并右腿弯曲，关闭内扣，右侧胯骨下压，左侧胯骨向上顶起，呈现恰恰恰中并脚站立的基本形态，髋骨不存在向左或者向右的移动，此时左侧肩部、肋骨、髋部、腿部为直线	3

3	同第1步	&
4	同第2步，右脚与地面作用，将身体左推，同时左脚左移，并将重心转移到左脚，此时右腿绷直，右脚脚尖向外，脚后跟不落地，右侧线条拉长	4 1

注意：双肩保持平稳，并不因为左右脚的重心更换和弯曲而晃动，同时要注意腹肌和背肌的运用以及体侧肋骨的压缩与拉伸。

前面两步是一拍，后面的两个并步是半拍，最后一步为一拍。

（2）前进后退基本步

①前进锁步（见图4-3-29～图4-3-33、表4-3-2）

前进后退恰恰锁步

图4-3-29　　　　图4-3-30　　　　图4-3-31　　　　图4-3-32　　　　图4-3-33

表4-3-2

步数	脚位	节奏
1	出左脚经过右脚前迈，这里的经过右脚指左脚前迈过程中和右脚平行时，左脚脚踝贴着右脚脚踝前移。出脚过程要快，到位后身体重心一定要在前脚，并且稍有前倾	2
2	右脚经过左脚前迈	3
3	左脚经过右脚前迈	4
4	右脚从后方向左脚贴近，此时右腿膝盖贴在左腿膝盖后方，双腿均弯曲，右半脚掌着地，左脚全脚掌着地，这时髋关节面向正前方，并不因为双腿的移动而左右摆动	&
5	右脚向下踩，并推动重心前移，左腿顺势向前迈一小步，右腿伸直，重心到达左腿，此时髋关节也朝向正前方	1
6	迈右腿	2
7	迈左腿	3
8	迈右腿	4
9	左腿贴在右腿后	&
10	推出右腿	1

②后退锁步（见图 4-3-34 ～图 4-3-38、表 4-3-3）

右脚在前，脚尖着地，左脚在后，全脚掌着地，重心在左脚的前脚掌位置，不可前倾或后仰。

| 图 4-3-34 | 图 4-3-35 | 图 4-3-36 | 图 4-3-37 | 图 4-3-38 |

表 4-3-3

步数	脚位	节奏
1	右脚经过左脚后退，并迅速将重心跟随右脚到达右脚掌，左脚脚尖着地	2
2	左脚经过右脚后退，并转移重心	3
3	右脚继续经过左脚后退一步，但是重心却不跟随右脚转移，右脚半脚掌着地，重心仍然在前面的左腿上	4
4	左腿稍微后撤，至右腿膝盖贴上左腿膝盖后窝，重心跟随左腿在两腿之间，此时两腿自然，左腿直立，右腿略弯曲	&
5	左脚踩地得到一个向后的力量，右腿向后，重心到达后方的右脚	1
6	后退左脚	2
7	后退右脚	3
8	后退左脚，重心不后退	4
9	右腿后撤贴在左腿前方	&
10	后退左脚	1

上身动作：退左脚，右手收缩，左手延伸，上右脚，左手收缩，右手延伸，也可以一手按腹，一手延伸。

注意：锁步动作幅度大，流动性强，是恰恰恰的一大特点，在舞步之间起到连接和左右交换脚步的作用，从而增强了舞蹈的艺术性。跳的时候膝盖外露，形成拉丁交叉的姿势。

③定点转（见图 4-3-39 ～图 4-3-43、表 4-3-4）

女士以右腿为重心站立，男士以左腿为重心，双手持握，开式站立。

图 4-3-39   图 4-3-40   图 4-3-41   图 4-3-42   图 4-3-43

表 4-3-4

步数	脚位	转度	节奏
1	女士左脚经过右脚迈到身体右侧，旋转时中段肌肉紧收，同时左脚为重心，左侧线条略微挤压，此时右侧不必拉伸线条，两人相握的手放开	身体和头同时向左旋转90°	2
2	以左腿为轴，从右侧旋转180°，此时左侧肋骨收缩，注意左侧胯骨有些微的向左后方延伸，右侧线条拉长，注意留头的动作。&时将身体继续旋转90°，同时将重心转移到左腿，同时两人的手恢复相握，即男士左手和女士右手	3/4周	3
3	完成4-&-1的恰恰恰基本步（合并步）		4&1

注意：在旋转过程中，要将每个节拍的动作做得清晰明了，干脆利落而带有延伸，尤其旋转180°的速度应该快而且重心稳当，并且有清晰的留头动作。在迈出第一步时，即女士左脚经过右脚旋转身体时，脚尖不可离地，旋转迅速到位，并尽量有中间的延时步。

男士和女士方向相对，即做相反方向。练习时可以两人不对面站立，而是同向站立，左侧和右侧定点转交叉进行。

④纽约步（见图 4-3-44～图 4-3-48、表 4-3-5）

预备动作：右脚重心，左脚打开，形成脚掌着地，脚背绷直。

图 4-3-44   图 4-3-45   图 4-3-46   图 4-3-47   图 4-3-48

表 4-3-5

步数	脚位	转度	节奏
1	上左脚右转90°，右脚膝盖靠在左脚膝盖，右手向上打开，手掌朝下	向右旋转1/4周	2
2	右脚原地换重心		3
3	左脚回来，左转90°	向左转1/4周	4
4	右脚与左脚并步		&
5	左脚继续向左移动，右脚打开，形成脚掌着地，脚背绷直		1

反方向动作相同，方向相反。

上身动作：上左脚时，左手向前延伸，右手向右斜前上方打开，注意后面的肩膀要压住，把头抬起来，手掌朝下。左脚回来时，向前延伸的手可以用力捞过来。

纽约步有三个方向的转向，一个向左转 1/4 周，一个向右转 1/4 周，然后回中。

这六个动作熟练后可以连起来跳。结束时，可以做一个造型动作。如上左脚穿越身体，右转 180°，右手向右上方伸展，手掌朝下，左手按腹，右脚弓步。

注意：第 1 步重心完全放在主力腿上，重心在两脚之间，形成半重心，上步时有一个 1/16 周的外开。

⑤ 肩对肩（见图 4-3-49～图 4-3-53、表 4-3-6）

预备动作：右脚重心，左脚打开，形成脚掌着地，脚背绷直。

图 4-3-49　　　图 4-3-50　　　图 4-3-51　　　图 4-3-52　　　图 4-3-53

表 4-3-6

步数	脚位	转度	节奏
1	左脚后退一步，左转1/4周	向左旋转1/4周	2
2	右脚原地换重心		3
3	左脚上前一步	向左转1/4周	4
4	右脚从后方向左脚贴近，此时右腿膝盖贴在左腿膝盖后方，双腿均弯曲，右脚半脚掌着地，左脚全脚掌着地，这时髋关节面向正前方，并不因为双腿的移动而左右摆动		&
5	左脚上前一步，右转1/2周，双脚位置不变	向右转1/2周	1

第四节　跆拳道

跆拳道运动

一、跆拳道运动的起源与发展

跆拳道起源于朝鲜半岛，距今已有两千多年的历史。第二次世界大战后，朝鲜自卫术再度兴起，从异国他乡回归故土的朝鲜人也将各国的武道技艺带回本国，逐渐与本国技艺融为一体。从 20 世纪 50 年代起，其内涵风格以及名字均得到规范和统一。1955 年，韩国政府正式将朝鲜半岛的自卫术称为"跆拳道"。1961 年，韩国成立了唐手道协会，后更名为跆拳道协会，并成为韩国全国运动会的正式竞赛项目。

1966 年，国际跆拳道联盟成立。1973 年，世界跆拳道联盟在韩国汉城（今首尔）成立。1975 年，世界跆拳道联盟被正式接纳为国际体育联盟的会员。1980 年，国际奥委会正式承认了世界跆拳道联盟。1994 年，经国际奥委会正式通过，跆拳道被列为 2000 年悉尼奥运会正式比赛项目，设男、女各 4 个级别。目前，跆拳道运动已经成为完全独立的国际体育组织正式运作的正规比赛项目。1997 年，中国香港举行了男子第 13 届和女子第 5 届世界跆拳道锦标赛，共有 103 个国家和地区的 1 200 多名运动员参加了比赛。

中国的跆拳道运动起步较晚，但是发展较为迅速。1995 年，中国跆拳道协会正式成立，从此跆拳道在中国迅速发展起来。1995 年，中国跆拳道协会被世界跆拳道联盟接纳为正式会员。1998 年，在越南举办的第 13 届亚洲跆拳道锦标赛上，贺璐敏为中国赢得了第一枚跆拳道金牌，实现了我国在正式国际比赛中该项目金牌零的突破。1999 年，在加拿大埃特蒙多举行的世界跆拳道锦标赛上，我国女选手王朔战胜多名世界跆拳道高手，获得女子 55 公斤级冠军，这是我国跆拳道运动员获得的第一个世界冠军。2000 年，在悉尼奥运会女子跆拳道 67 公斤以上级比赛中，中国女选手陈中力克群雄获得冠军，这是我国获得的第一枚奥运会跆拳道金牌。2002 年，中国跆拳道精英挑战赛竞赛规则出台，中国跆拳道从此正式迈入商业化的道路。

二、跆拳道基本技术

（一）跆拳道的基本拳法

拳是跆拳道主要的攻击和防守工具，在竞技跆拳道中拳法主要有正拳（直拳），在品势中则有正拳、里拳、铁锤拳、平拳和指节拳等五种。

1. 正拳

正拳在跆拳道中是最基本的拳式，顾名思义，就是用拳头的正面击打对方。在实战技击中，根据实际情况可变化为直拳、横拳、勾拳等拳法。其着力点是食指和中指之间。（见图4-4-1）

动作要领是伸开手掌，四指并拢握紧，把拇指压在食指和中指的第二指节上。拳握紧，拳面平，直腕。

2. 里拳

先握正拳，然后使用食指和中指关节根部的突出部位为击打的着力点，一般用于勾拳。（见图4-4-2）

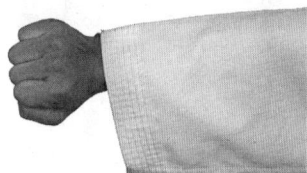

图4-4-1   图4-4-2

3. 铁锤拳

先握正拳，然后使用拳轮（即小指侧及掌缘的肌肉部位）为击打的着力点。在实战技击时，一般从外向里或从上向下劈击最有效。（见图4-4-3）

4. 平拳

平拳主要使用中指的第二关节部位作为攻击的主要着力点，将食指与无名指作为攻击的辅助着力点。（见图4-4-4）

图4-4-3   图4-4-4

5. 指节拳

指节拳主要使用正拳中凸出的中指或食指作为攻击的着力点，分为中指拳（见图4-4-5）和食指拳（见图4-4-6）等。

图4-4-5   图4-4-6

（二）跆拳道的基本腿法

1. 前踢

以左势实战姿势开始；右脚向后蹬地，身体重心前移至左脚；右脚蹬地顺势屈膝提起，左脚以前脚掌为轴外旋约90°；同时，右腿迅速以膝关节为轴伸膝、送髋、顶髋，把小腿快速向前踢出，用脚面击打目标；踢击目标后右腿迅速放松弹回，落回原地仍成左势实战姿势。（见图4-4-7）

图 4-4-7

【注意事项】

（1）膝关节上提时大小腿折叠，膝关节夹紧，小腿和踝关节放松，有弹性。

（2）踢击时顺势往前送髋，高踢时往上送髋。

【易犯错误与纠正】

（1）直腿上撩，大小腿没有折叠，膝关节没有夹紧。可以先练习屈膝上提。

（2）上体后仰过大，失去平衡。可以先一只手支撑练习前踢。

（3）踢击目标时向前用力，与推踢动作混淆。

【主要攻击部位】

攻击的主要部位有面部、下颌、腹部、裆部。

2. 横踢

以左势实战姿势开始；右脚蹬地，重心移到左脚，右腿屈膝上提，两拳置于胸前；左前脚掌碾地外旋，髋关节左转，右膝内扣；随即左脚掌继续外旋，右腿膝关节向前抬至水平状态；小腿快速向左前横踢出；击打目标后迅速放松收回小腿，右脚落回成左势实战姿势。在实战中还有高横踢、前双飞和后双飞。（见图4-4-8）

图 4-4-8

【注意事项】

膝关节夹紧，向前提膝，尽量走直线；支撑脚外旋180°；髋关节往前顺，身体与大小腿呈直线，注意击打的着力点是正脚背；踝关节放松，击打的瞬间要发力。高难动作的学习应放在基本技术之后，以便动作定型。

【易犯错误与纠正】

（1）大小腿折叠不够，膝关节应夹紧。

（2）外摆的弧形太大。

（3）上身太直，重心往下落。

（4）踝关节不放松，用脚内侧击打，应用正脚背击打。

【主要攻击部位】

攻击的主要部位有头部、胸部、腹部和肋部。

3.后踢

左势实战姿势站立，以左脚掌为轴内旋的同时，上身向右后旋转，重心移到左脚，随之屈右膝收腿直线踢出（向后蹬），重心前移落下，然后后撤右脚还原成左势实战姿势。（见图4-4-9）

图 4-4-9

【注意事项】

（1）起腿后上身与小腿折叠成一团。

（2）动作用力延伸。

（3）转身、提膝、出腿一次性完成，不能停顿。

（4）击打目标在正前方稍偏右。

【易犯错误与纠正】

（1）大小腿不折叠，直腿往上撩，应为直线踢出。

（2）转身、踢腿有停顿，不连贯。

（3）击打呈弧线，旋转发力，应为直线发力。

（4）身体旋转过大，容易被反击。转身和后踢可以分开练习。

【主要攻击部位】

膝部，腹部，裆部，胸部和头面部。

4. 劈腿（下劈）

以左势实战姿势开始；右脚蹬地，重心前移至左脚；同时，右腿以髋关节为轴屈膝上提，两手握拳置于胸前，随即充分送髋，上提膝关节至胸部，右小腿以膝关节为轴向上伸直，将右腿直举于体前，右脚过头；然后快速下压，以右脚后跟（或脚掌）为着力点劈击，一直到前面，成右势实战姿势。（见图4-4-10）

图 4-4-10

【注意事项】

腿尽量往高、往头后举，要向上送髋，重心往高起；脚放松往前落，落地要有控制；起腿要快速、果断；踝关节要放松。

【易犯错误与纠正】

（1）起腿不够高、不够充分，重心不往高起。

（2）踝关节紧张，往下压太用力，导致动作僵硬。

（3）重心和腿控制不好，落地太重，需注意控制。

（4）上身后仰太多，应随重心一起前移，保持直立。

【主要攻击部位】

头部、颈部、脸部和锁骨。

5. 侧踢

以右势实战姿势开始；右脚蹬地，右腿以髋关节为轴屈膝提起，两手握拳置于体侧，随即左脚以前脚掌为轴外旋，髋关节向左旋转，右腿以膝关节为轴向前蹬伸，右脚快速向右前上方直线踢出，着力点在脚跟；发力后沿起腿路线收腿、放松，重心落下，回到右势实战姿势。（见图4-4-11）

图 4-4-11

【注意事项】

起腿时大小腿折叠、膝关节夹紧；踢出发力时，头、肩、髋、膝、腿和踝呈一条直线；大小腿直线踢出，原路线收回。

【易犯错误与纠正】

（1）击打对方时，髋关节没有展开，导致击打力度不够。

（2）大小腿折叠不够，或蹬出的速度不快。可以单做起腿和出腿练习。

【主要攻击部位】

肋部、胸部和头面部等。

6. 后旋踢

两脚以脚掌为轴均内旋约180°，身体随之左转约90°，两拳置于胸前。上体右转，与双腿拧成一定角度。右脚蹬地将蹬地的力量与上体拧转的力量合在一起，将右腿以髋关节为轴向后上直腿摆起，右腿继续向右后旋摆鞭打，同时上体向右转，带动右腿弧形摆至身体右侧，右腿屈膝回收，右脚落地成实战姿势。（见图4-4-12）

图4-4-12

【注意事项】

旋转、踢腿要连贯，一气呵成；击打点在正前方，呈水平弧线；屈膝提腿的旋转速度要快；身体在原地（或腾空）旋转360°。

【易犯错误与纠正】

（1）转身不到位致使击打着力点偏离目标。

（2）不能很好地利用蹬地和转体的力量，导致击打无力。

（3）重心和腿控制不好，旋摆结束时，易被反击，需注意控制。

【主要攻击部位】

头面部和胸部。

7. 旋风踢

保持基本姿势，以左脚掌为转动轴，脚跟向前转动一周，右脚屈膝上提，随身体转至正对前方时，左脚蹬地跳起左横踢，右脚、左脚依次落地。（见图4-4-13）

图 4-4-13

【注意事项】

（1）身体重心随身体的转动往上"飘"，身体沿纵轴旋转。

（2）双手向右后甩动增加转动速度，但勿产生预动，应同身体协调、同时发力。

（3）右脚起到瞄准器的作用，应对准攻击目标。若未对准就提前出左脚横踢，则横踢的半径过大，不能命中；若转得过多，则远离了目标。

（4）身体旋转速度要快，转动后眼睛应迅速找到目标。

（5）上体不能过分后仰。

【易犯错误与纠正】

（1）重心掌握不好，没有在原地旋转。

（2）以脚内侧击打。

（3）旋转速度慢，旋转后找不到目标。

（4）距离感掌握不好，过近或不及目标。

【主要攻击部位】

腹部、头部、胸部。

初学者练跆拳道的注意事项

1. 行礼。

2. 跆拳道以礼始，以礼终。

3. 训练发声。

4. 开始参加训练时的国旗礼、道旗礼是一个重要环节。

5. 新生不要存有自卑或是抱着玩世不恭的心理参加训练。

第五节 街 舞

一、起源与发展

街舞最早出现在 20 世纪 70 年代末美国的黑人聚居区，纽约和洛杉矶是街舞的两大发源地。街舞的英文名为 Hip-Hop。街舞从字面上来看，Hip 是臀部，Hop 是单脚跳，合起来意为轻摆臀部。Hip-Hop 译过来是"嘻哈"。黑人具有天生的韵律和极协调的运动能力，他们在音乐的伴奏下，无视表演空间的限制，道旁、街边成了他们展示音乐和舞蹈天赋的舞台。街舞不是一种单一风格、纯粹的舞蹈，是多种舞蹈风格融合于一体、崇尚舞者个性特点的舞蹈。

进入 20 世纪 90 年代，作为一种体育文化活动，街舞已与体育健身相融合。新兴的街舞在原有的基础上又有了新的突破，这时的街舞更注重身体的协调性和韵律性，同时增加了身体的律动及手部的动作和花样的步法。它集中体现在动作的张弛自如、快慢有度、流畅中的停顿和有节奏的身体弹动。在美国，街舞音乐在主流娱乐界已占据了相当重要的位置；在中国，街舞也得到了广泛的发展，成了现代人展现自我的方式。近年来，随着街舞的逐渐发展和完善，这一运动形式已不受年龄的限制。通过跳街舞，人们张扬个性，释放自我，充分展示出生命的活力和激情，体会从身体到精神的一种彻底的放松与释放，突出体现了街舞的"自由"这一精神文化实质。

二、特点与功能

（一）特点

（1）街舞并非一般意义上的纯体育项目。它是以健身为核心，以流行舞蹈动作为素材，体现时尚、活力，带有欣赏性和娱乐性的新兴运动方式。

（2）街舞风格突出，富于变化。不同的街舞音乐风格所匹配的动作除了具有基本的随意、松弛的动作感觉外，也会有不同的动作表现形式，而且少有对称性动作，变化无常。

（3）街舞给运动者很大的发挥空间，创造性强。不同风格的音乐会带给舞者不同的灵感与发挥空间，运动者可根据自己的兴趣爱好对练习内容进行一些变化，以彰显个性。

（二）功能

（1）街舞具有有氧运动的功效。街舞的动作虽然以流行舞蹈动作为素材，但它能够充分活动到身体的各个部位。在教学和练习过程中，运动持续不断，而且强度适中，可改善心肺功能，并能达到减肥的目的。

（2）街舞对协调能力具有挑战性。街舞包含的动作丰富，变化快速敏捷，而且多数动作都涉及小关节和小肌肉群，参与动作的身体部位多，节奏快慢起伏大，很多动作还会出现在音乐的弱拍上，因此，对改善人的协调性卓有成效。

（3）街舞的重要意义在于对心理的调节作用。街舞的训练多以群体练习的形式出现，再配以动感十足的音乐，这无疑能营造非常轻松、愉快的练习氛围。在快乐的练习中将所有的压力、自卑、郁闷尽抛脑后，有效地改善了那些对身体健康不利的不良心理状态。

三、基本动作

（一）霹雳舞

霹雳舞是以旋转为主，翻身为辅，以手部为主要支撑点，肢体在空中的翻腾、旋转为特色的技巧性街舞。尽管霹雳舞看起来包含许多复杂的动作，但是它们都是由基础的摇摆步、地板步衔接，加入复杂的技巧性动作或定招，使整个舞蹈向更广、更高的方向发展。霹雳舞大体上可以分为两种类型：用手、头、身体在地上旋转，称之为大地板；用肢体在地上踩出复杂变化的脚步动作，加上刁钻的倒立，称之为小地板，当然，跳舞的同时也可以随意去搭配你所想表现的动作。我们把专攻霹雳舞的舞者称为B-Boy或者B-Girl。

1.K踢

K踢，也可叫作L踢。这一动作来自于坎波舞。单手撑地，双腿踢向头部上方，随着非支撑臂的位置和双腿的弯曲形态不同而有多种变形。双腿向两侧尽量分开，呈V字形。

2.手转

舞者倒立且旋转，然后随着身体重量的移转，由一只手换到另一只手做动作，做到脚着地为止。

3.侧手转

侧手转与手转相似，只是肘部支撑于体侧，双腿并拢，上下叠放，身体侧立做圆周旋转。

4.蛙跳

蛙跳是像青蛙一样身体下蹲向前跳，然后双手撑住地面，再接双腿的蛙跳。

5.蟋蟀跳

蟋蟀跳，也叫跳飞机。双手撑于体下，双肘抵住腹部，双脚离地，身体平行于地面，双手推动身体上下跳动着旋转。注意只能用手接触地面。这个动作可以连接地板步、托马斯、蠕虫和其他飘浮动作。

6.头转

头转是以头顶支撑地面的旋转动作。先以头顶地倒立，双手扶地，然后两腿分开做圆周摆动，带动身体旋转，双手离地。在旋转中，朝上的双腿可以摆出各种造型或做出各种动作。

7.托马斯全旋

分腿全旋（托马斯全旋）是来自体操的旋转动作，在动力和平衡中，使双腿保持在空中，围绕身体前后旋转。

（二）机械舞

它起源于机械人的动作及形态，是利用肌肉的紧绷与放松来产生身体的振动与定格。其动作规格要求有突然的停顿，但不能太重，有一种将力量释放出来的"划过骤停"的感觉，动作要配合音乐的节拍点"卡住"，卡拍时肌肉瞬间收紧，在不卡拍时相对把肌肉放松，在肌肉紧张和放松之间把握好"度"。由于动作要求细腻，对基本功的要求特别高。

1.弗雷斯诺

身体斜向一侧，抬起该侧手臂振动，然后身体斜向另一侧，抬起该侧手臂振动，做手臂弗雷斯诺的同时，加入同侧腿部动作：猛烈地向后抽动该侧腿的膝盖，感觉像是在极力扩张肢体。平滑、交替地做此动作。（见图 4-5-1）

图 4-5-1

2.眼镜蛇舞

舞者用一只手做波浪的动作传到另一只手，然后再把它送回来，但是只用到肩膀。（见图 4-5-2）

图 4-5-2

3. 玩具人舞

模仿玩偶形态的动作。（见图 4-5-3）

图 4-5-3

（三）新派街舞

新派街舞是极自由的舞蹈，没有固定的舞蹈体系，可以采用任何舞蹈元素，身体可以像心灵一样奔放不羁，它似乎就是一种对原始非洲舞蹈精神的回归。初学者可以从律动、波浪、滑步学起。

1. 律动

律动是街舞的基本动作形式，也是这种舞蹈风格的主要体现。律动表现为身体随音乐的起伏和摇摆，分为重拍向上和重拍向下两种，前者多用于新放克（Funky）和豪斯舞蹈。（见图 4-5-4）

图 4-5-4

2. 波浪

身体做波浪式传动，令人感觉就像一股看不见的力量穿过舞者的整个身体，可以是两臂之间水平的波浪，也可以是从头到脚垂直的波浪，还有两腿之间、肩臂之间等众多身体部位的波浪，不同的波浪可以相互组合、自由发挥。波浪动作要流畅连贯，充满律动。（见图 4-5-5）

图 4-5-5

3. 转动

身体的各个部位均可以做转动，最基本的为脖子、肩部、胸部、胯部及腿部的旋转。转动可以是动作与动作之间连接的基础，也可以在新爵士中表现为性感的动作。（见图 4-5-6）

图 4-5-6

第五章

休闲运动

第一节　极限飞盘

一、极限飞盘概述

（一）起源与发展

1968 年，美国新泽西州梅伯伍德地区哥伦比亚高中的学生会成员乔尔·希尔弗（Joel Silver）发明并在校报介绍了极限飞盘运动（Ultimate Frisbee）。最初，人们把它称作飞盘橄榄球（Frisbee Football），每场比赛可以上场 20～30 名队员，可以持盘跑以及摔抱等。但随着运动的发展，希尔弗等人对规则进行了改变，并制定了新的防守规则，比赛变成了 7 人制。此时的极限飞盘运动强调的是休闲娱乐，参与的人员也非专业运动员，无性别限制，更重要的是，运动员在比赛中不允许任何身体接触，并进行自我裁判，但当时并没有提出"极限飞盘的精神"一说。这就是极限飞盘运动的雏形。

1970 年，哥伦比亚高中和麦尔布恩高中进行了世界上第一次校际的极限飞盘比赛。1971 年，新泽西州的五所高中成立了极限飞盘队会，其中就包括哥伦比亚高中和麦尔布恩高中。1972 年，新泽西州的两所高校进行了第一次大学间的极限飞盘比赛。随着极限飞盘运动的发展，耶鲁大学在 1975 年举办了由 8 所高校组成的第 1 届美国大学极限飞盘巡回赛。同年夏天，在罗斯波尔举行的第 2 届世界飞盘冠军赛正式将极限飞盘运动列为比赛项目，这是极限飞盘运动得到世人认可的标志。

随着时间的推移，飞盘运动也得以在世界各国迅速发展起来。瑞士在 1974 年成立了欧洲第一个飞盘协会；而日本也在 1975 年成立了亚洲第一个飞盘社团；1976 年，澳大利亚也成立了大洋洲第一个飞盘协会。在此期间，飞盘运动的发展以欧洲最为迅速，1977年比利时和奥地利相继成立了飞盘协会，而随后，芬兰和丹麦也在1978年相继成立了飞盘协会和飞盘运动协会。飞盘运动在迅速发展的同时，极限飞盘运动也飞快地发展壮大起来。美国于1979年成立了极限飞盘运动员协会（UPA），这是第一个认可极限飞盘运动的国家政府组织；1980年，法国巴黎举办了第1届欧洲极限飞盘冠军赛，芬兰、英国和瑞典分获冠军、亚军和季军。

1984年，世界飞盘联合会（WDDF）的成立推动了极限飞盘运动的发展，其于1986年在英国的科尔切斯特举办了第1届世界极限飞盘冠军赛。两年后，德国的科隆又举办了第1届世界极限飞盘俱乐部冠军赛。之后，极限飞盘运动在30多个国家和地区以惊人的速度发展起来。2001年是极限飞盘运动发展具有里程碑意义的一年，日本举办的第6届世界运动会正式将极限飞盘运动列为世界运动会的比赛项目，这标志着极限飞盘运动正式登上国际体坛的舞台。

（二）特点与功能

1. 特点

（1）简单易学

极限飞盘作为一种户外休闲运动方式，具有简单易学的特点。它需要的运动装备非常少并且比较便宜，此外，它结合了儿童从体育课学来的可以很容易应用于这项运动的技能。正是低廉的成本和简单的技能转换，使极限飞盘成为学生乐于学习的运动项目。

（2）具有趣味性和挑战性

作为一项相对新颖的运动项目，极限飞盘从1968年开始迅速地流行起来。究其原因，就是其趣味性很强，飞盘各种独特的飞行轨迹意味着不会有两种相同的投掷方式，投掷者可以有无限的选择。同时，极限飞盘运动综合了各种运动的元素，有类似足球的快速跑动、篮球的轴转和传递，还有曲棍球的跑位等，这些给运动者带来了更多层次的挑战。

（3）一项完善的运动

极限飞盘是一项完善的运动，它有着官方的规则、联盟和各年龄层的竞赛。极限飞盘要求运动者具备非凡的健康水平、耐力与技巧，有能够理解飞盘物理特性和比赛战略的智力，还要有对队友的诚实与信任的品格。

2. 功能

（1）强身健体

极限飞盘结合了跑、接和投掷的运动技能，在比赛中，运动者除了要有攻防技术外，还必须具备非凡的速度和持久的耐力。长期参与这项运动，能强身健体，提高身体素质。

（2）塑造人格

极限飞盘是一项追求公平、公正的团体竞技运动，它更强调运动员精神和人格的培养。极限飞盘运动在任何级别的比赛中都没有裁判员，所有规则都由场上参赛者执行，参赛者都要自觉与诚实，注意遵守规则。这种独特的进行自我裁判的项目，需要极限飞盘的精神，即让所有参赛者知道如何在比赛中进行自我裁判和互相尊重。

（3）培养团体精神

极限飞盘是一项集体参与的运动，需要参赛队员的协作和配合。它不仅是一项体育运动，而且是一种文化交流方式。与其他运动相比，极限飞盘的团体比较小，运动者能感觉到他们是关系亲密的组织的一部分，同时这项运动另一个独特之处是，极限飞盘精神能营造出在队友之间以及队伍之间与生俱来的友好氛围。

二、极限飞盘基本技术

（一）飞盘的各个部分

一个飞盘包括以下几个部分：

（1）顶部：飞盘的圆顶部分。

（2）底部：飞盘的底部。

（3）飞行环：飞盘顶部的环形凹槽。

（4）肩部：飞行环外飞盘曲面的部分。

（5）里沿：投掷时靠近身体的边缘。

（6）外沿：投掷时离身体最远的边缘。

（7）前沿：飞盘最接近目的地的一部分。

（8）后沿：飞盘离目的地最远的一部分。

（二）极限飞盘基本技术

1. 握盘方法

（1）反手握法

①基础握法

基础握法的食指要贴于飞盘的外缘，这种方法适合初学者，下面介绍两种基础握法：

第一种方法，中指伸展开来指向盘的中心。这样做可以加强对飞盘的控制，使盘不摇晃。贴于边框的食指用于把握方向，支撑住飞盘的中指保证了飞盘飞行的稳定性。在盘的底部，由于只有两根手指紧握着盘的边缘，从而导致这种握法与其他方式相比缺乏力度。握盘力度的大小取决于食指尾部对飞盘的牵引力。（见图5-1-1）

第二种方法很少见到。食指贴于盘缘，但没有中指对飞盘的支撑，其余手指紧握着盘缘，这种握法使飞盘更有力量，但也容易失去对飞盘的控制。（见图5-1-2）

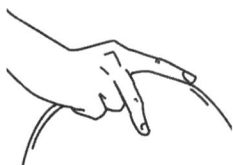

图 5-1-1　　　　　　　　图 5-1-2

②强力握法

这种方法在经验丰富的掷盘者人群中最为流行。所有手指都紧紧地握着盘缘，不用任何手指支撑飞盘。食指尾部对飞盘的拉动可以带来一股很强的力量，这种力量有利于克服飞盘不稳等问题。但使用这种握盘方式很难掷反手高位盘，因为在出手之前飞盘缺少将其往上迅速抬升的力量。（见图 5-1-3）

对飞盘的控制力量一部分在于拇指以及掷盘者的握盘力度。拇指可以放在飞盘的任何位置。如果考虑到空气的阻力，最好的方法是让拇指指向盘的中心，这样可以将盘抓得更紧。通常而言，握得越紧，就能使盘获得更多的旋转，这样有助于在有风的情况下把握好盘的飞行。用力紧握飞盘，也可以保持盘的平稳，更利于用反手掷高盘。

③混合握法

顾名思义，这种握法是前文介绍过的两种握法的结合。食指紧握盘缘，为掷盘提供力量。中指略微伸展开来，支撑住飞盘。这种握法可以掷各种盘，包括反手高位盘，而且不需要改变握法。但与强力握法相比，这种握法的缺点是掷盘力度稍微欠缺。（见图 5-1-4）

图 5-1-3　　　　　　　　图 5-1-4

（2）正手握法

①基础握法（适合初学者）

这种握法原则上近似于相对应的反手握法。中指置于盘的底部边缘，食指朝盘的中心伸展开来支撑飞盘。这种握法的优点是可以很好地控制飞盘，缺点是力度不够。这是因为食指伸开的时候掷盘者的手腕无法往后竖过来。（见图 5-1-5）

②强力握法

关于这种握法有好几种方法。

第一种方法，食指紧靠中指，紧贴于飞盘内缘。这样，手腕可以往后竖过来，给予盘更多的动力，出盘可以更有力，但因为缺少手指的支撑，飞盘容易失去控制。如果出盘时

盘和手腕的角度不一致，则盘会上下摆动，导致其飞得不够远。（见图5-1-6）

第二种方法对第一种方法稍微有所改进，食指和中指稍微弯曲。掷盘前，盘会在这两个手指的作用下保持平衡。在保持平衡性的方式上，这种握法与下面要介绍的混合握法有点相似。这种握法也适合掷正手高位盘。与反手掷盘一样，拇指应该紧紧握住飞盘，可以使盘更好地转动，有利于克服风的影响。

图 5-1-5　　　　　　　　图 5-1-6

③混合握法

类似于反手的混合握法，但它并不常见。掷盘者不需要将食指和中指平行，食指应该是弯曲着的，食指和中指的指腹都牢牢地压在飞盘内缘。手腕依然可以往后竖过来，增强出盘力量。准备掷盘时将盘握平，有助于掷出一个漂亮的正手高位盘。（见图5-1-7）

④其他握法

这种握法的要点是将中指侧面（而非指肚）顶着内缘，手掌朝上，出盘时不需要转换正手。这种握法的不利之处在于，指关节是出盘时的发力点，经常使用的话会受到损伤。（见图5-1-8）

图 5-1-7　　　　　　　　图 5-1-8

2.掷盘方法

（1）反手掷盘

右手投者以右肩正对目标，与前方成90°角站立，手臂在身前挥动，运用手臂挥动带动手腕投掷出盘。（见图5-1-9）

反手掷盘

图 5-1-9

（2）正手掷盘

挥动手臂带动手腕发力投出飞盘。（见图5-1-10）

正手掷盘

图 5-1-10

3.接盘方法

（1）三明治接盘

一只手掌在上，掌心朝下，另只一手掌在下，掌心朝上，如三明治般夹接住飞盘。用此方法时需注意，接飞盘时两掌心的间距不宜过大，避免飞盘穿过击打到身体。（见图5-1-11）

三明治接盘

（2）高接盘

来盘高于胸部时，采用手掌向下、四指在上、拇指在下的方法接盘。（见图5-1-12）

高接盘

（3）低接盘

来盘低于胸部时，采用手掌向上、四指在下、拇指在上的方法接盘。（见图5-1-13）

低接盘

图 5-1-11

图 5-1-12

图 5-1-13

三、飞盘竞赛规则简介

（一）场地

正规的飞盘比赛场地为长方形，长 64 米，宽 37 米。其中得分区分置于场地两边，长 18 米。（见图 5-1-14）

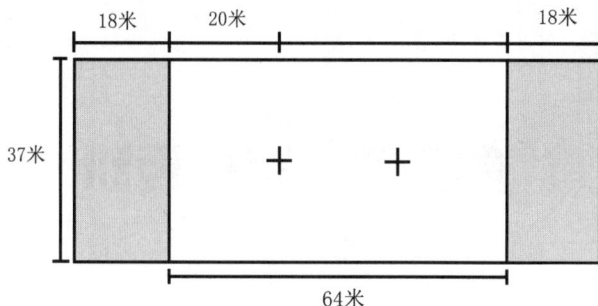

图 5-1-14

（二）开球

双方各允许 7 名球员上场。每局开始，双方球员在各自半场的得分区排成一队，然后防守方把盘扔到进攻方手里，比赛开始。

（三）得分

当进攻方成功将飞盘传到在得分区内的队友手上时，进攻方得 1 分。

（四）传球

飞盘可以以任意方向或者轨道传给队友，但是球员不能手持飞盘跑动。手持飞盘的队员必须在 10 秒内将飞盘传给其他队友。防守方自行对持飞盘队员进行监督并计算其持飞盘的时间。

（五）攻防转换

当传递失败（如飞盘出界、掉落，或被阻挡、拦截）时，防守方将立即占有飞盘，并转换为进攻方。

（六）换人

替补队员可以在比赛得分后或者受伤暂停的时候自行替换场上队员。

（七）无身体接触

飞盘比赛禁止场上队员有身体的接触，若发生身体接触，即被视为犯规。 Picks（拦截）和 Screens（阻挡）也属于犯规。

（八）犯规

当犯规发生并干扰了进攻方控制权，则飞盘交还给进攻方，比赛继续进行；若队员犯规但却不承认其行为为犯规，那么飞盘交还给上一个持盘队员，比赛重新开始。

第二节　定向运动

一、定向运动概述

定向运动

（一）定向运动简介

定向运动就是利用一张详细、精确的地图和一个指北针，按顺序造访地图上所标示的各个点标，在最短的时间内到达所有点标者为胜利者。定向运动通常在森林、郊外和城市公园里进行，也可在大学校园里进行。

一个标准的定向路线包括一个起点（用三角表示），一个终点（用双圆圈表示）和一系列的点标（用单圆圈表示）。这些点标已在图上用数字标明。在实际地形中，一个橘黄色和白色相间的点标旗标志着运动员应该寻找的点的位置。为了证实自己造访了这些点，运动员必须在到达的每一个点标处使用打卡器在卡上打卡，电子打卡系统能准确证实运动员的造访，同时记录运动员造访的时间。

点标与点标之间的路线并不指定或固定，相反，运动员应自己做出选择。这种路线选择的能力，以及借助地图和指北针在森林或公园里辨明方向并以最快的速度按顺序到达目的地的能力，便是定向运动的精髓所在。

（二）定向运动的历史

定向运动作为一项体育项目始于 20 世纪的北欧。当时，瑞典一位名叫吉兰特的童子军领袖组织了一项名叫"寻宝游戏"的活动，以训练童子军的野外技能与体质，这便是定向运动的雏形。到 20 世纪 30 年代，定向运动已在芬兰、挪威、瑞典和丹麦立足，1932年举行了第 1 次世界定向运动比赛。

（三）中国的定向运动

定向运动传入我国内地是在 1983 年。当年 3 月，解放军体育学院（现为军事体育综合训练基地）在广州白云山组织了"定向野外试验比赛"。自此，全国很多地区都组织了类似的比赛。

1998 年世界公园定向组织（PWT）来到了指南针的发明地——中国，受到了各界人士的热烈欢迎，并在全国激发了对定向运动空前的热情与兴趣；被这份热情所打动，世界公园定向组织在全国各大城市举行定向知识讲座，并制作定向地图和组织定向比赛。

（四）定向运动的锻炼价值

（1）定向运动可根据不同性别、年龄编组，赛程可远可近，难度可大可小。因此，它是一项男女老少皆宜的群众性体育运动项目。

（2）定向运动具有浓厚的趣味性、娱乐性。参赛者根据地图标明的运动方向，进行地图与实地对照，选择运动路线，寻找检查点，比单纯的赛跑更能提高参赛者的兴趣，整个运动具有旅游特点。

（3）这项比赛与其他比赛一样，具有激烈的竞争性。定向运动不仅是体力方面的竞争，更是智力和技巧方面的竞争。

（4）定向运动还具有一定的知识性和军事意义，对于普及全民识图和用图的知识，加强国防建设大有好处。在青少年中开展这一项目，对于调节他们的学习、工作情绪，增强体质，丰富地理知识，尤其对培养他们的自我生存能力和开发智力有独特的好处。

二、定向运动的体能与装备

（一）体能训练

定向运动的专项体能特指野外跑的能力。在公路、乡间小道上跑时，采用基本上与中长跑相同的技术，但由于路面比较坚硬，所以脚掌着地时要注意做好缓冲动作。

上坡跑时，步幅要小，上体前倾，用前脚掌在距离身体投影较近的地方着地，适当加大后蹬用力和大腿高抬的程度。下坡跑时，上体直立或稍后仰，步幅适当放大，步频减慢，用全脚掌或脚跟先着地。

在树林或灌木丛中跑时，一方面要防止被树枝擦伤、刺伤，另一方面要防止草丛中的杂物绊脚或陷入坑洼，所以，跑速要慢，用全脚掌着地。遇到沟渠和栅栏等障碍物时，不要降低跑速，甚至可适当增加跑速，用大步跨越。

1.专项耐力素质

定向运动的专项耐力不同于中长跑运动员在整个跑程中保持始终如一的高速跑。它通常分为长、中、短距离的比赛，各种距离的比赛线路检查点的间距也各不相同，在检查点停下来打卡后，要迅速接着跑。训练中可采用在校园内规定路线跑够 500 ～ 800 米后签名再跑，跑 4 次为一组，训练强度为 80% ～ 90%。

2. 专项速度素质

速度有三种表现形式：绝对速度、基础速度和相对速度。相对速度对定向运动员来说很关键，相对速度是建立在基础速度和速度耐力基础上的，基础速度又是建立在绝对速度和速度耐力的基础上。因此，绝对速度在某种意义上对定向运动员起着重要的作用。

在中、短距离的定向运动竞赛中，各检查点之间的距离一般为 300 ～ 500 米，所以定向运动的速度素质相对于长跑来说要求更高。没有一定的速度，在比赛中就难以取得好的成绩。

3. 有氧训练与无氧训练

定向运动员与长跑运动员一样具有良好的乳酸耐受能力。提高有氧能力与无氧能力是定向运动员的努力方向。定向运动项目的有氧训练与无氧训练的比重因各项赛事的不同而不同，野外定向运动距离较长，有氧训练的比例就较大，无氧训练则相反；公园定向运动通常是中短距离，有氧训练与无氧训练同等重要，若忽视无氧训练必定会影响到比赛成绩。

（二）器材装备

1. 地图

地图是定向运动的重要器材，它包括比例尺（通常为 1 ∶ 15000 或 1 ∶ 20000）、等高距（通常为 5 米精度）和内容（详细地表示与定向和越野直接相关的地物、地貌）。

2. 指北针

一般由组织者提供，若要求自备，则应对其性能和类型等做出原则上的规定。目前，指北针的类型有简单式、液池式、透明式、照准式和电子式等。

3. 点标旗

运动员根据地图所提供的信息，利用指北针快速定向，在实地中寻找一个橘黄色和白色相间的点标旗，该点标旗的位置准确放置在地图所标示的地点圆圈的中心。

4. 打卡器

运动员必须在到达每一个检查点时使用打卡器在卡片上打卡。检查卡的尺寸，通常为 21 厘米 ×10 厘米。

5. 检查卡

主要用于判定运动员的成绩，用厚纸片制成，分为主卡和副卡两部分。

6. 运动员的服装

服装轻便、舒适、易于活动即可。

7. 号码布

尺寸一般不超过 24 厘米 ×20 厘米，号码数字高不小于 12 厘米。比赛中要求将号码布佩戴于前胸及后背两处。

三、定向运动的技术

（一）标定地图的方法

1. 概略标定

地图上的方位是上北、下南、左西、右东。当在站立地正确地判别了方向之后，只要将地图的上方对向站立地的北方，地图即已标定。

2. 指北针标定

先使指北针的红色箭头朝向地图上方，并使箭头与地图上的指北线重合，然后转动地图，使指北针的北端对正磁北方向，地图即已标定。

3. 直长地物标定

首先应在地图上找到这些直长地物，对照两侧地形，使地图与现各地形点的地物方向一致，地图即已标定。

4. 明显地形点标定

在从地图上找到本人明显地形点的位置时，可以利用明显地形点标定地图。先选择一个图上与现地都有的远方明显地形点，然后转动地图，使图上的站立点至目标的连线与现地的站立点至目标的连线相重合，此时地图即已标定。

（二）确定站立点

1. 直接确定

当自己所在的位置是明显地形点时，只要在图上找到该地形点，站立点即可确定。

2. 综合分析确定

利用位置关系法确定站立点，主要依照两个要素：一是站立点至明显点的方向；二是站立点至明显点的距离。

3. 交会法确定

当站立点附近无明显地形点时，可以利用 90°法、截线法、后方交会法确定站立点。90°法是当待测点位于线状地形上时，如果在与运动方向相垂直的方向上能找出一个明显的地形点，线状地形符号与垂直方向线的交点即为站立点。截线法是当测点位于线状地形上，但在其与运动方向相垂直的方向上没有明显的地形点时，可以采用此法。后交会法是当测点上无线状地形，而且地图与现地相应的都有两个以上的明显地形点时，可采用此法。

（三）确定前进方向

定向运动每次出发时，首先必须判明出发点的图上位置，明确前进方向和目标点，然后标定地图选准前进方向，向目标点进发。

（四）定向跑的技术

定向跑是一种长距离的间歇式赛跑，既要求尽可能地减少人体能量的消耗，又要根据比赛的情况具有加速能力。定向跑的姿势主要采用身体微向前倾或正直的姿势，最好用鼻子与半张开的嘴共同呼吸。体力分配根据选择的路线状况、比赛的阶段和自身体能状况的不同来确定，一般来讲速度不宜过快。

第三节　击　剑

击剑是从古代剑术决斗中发展起来的一项体育项目，它结合优雅的动作和灵活的战术，要求运动员精神的高度集中和良好的身体协调性，体现出运动员良好的动作和敏捷的反应。运动员穿戴击剑服装和护具，在击剑场上用一手持剑互相刺击，先被击中身体有效部位的一方为被击中一方，另一方就加一分。比赛共有3局。比赛项目有男女花剑、重剑、佩剑，均有个人赛和团体赛。现代的击剑项目中引入了完善的保护衣具，并采用钝的剑尖，已经大大消除了这项运动的危险性，也极大地促进了这项运动在全世界范围内的传播。

击剑运动是一项历史悠久的传统体育运动项目。早在远古时代，剑就是人类为了生存同野兽进行搏斗和猎食所使用的工具。随着人类历史的发展，剑由最初的石制、骨制发展到青铜制、铁制，最后到钢制，并作为战争的武器，逐步走上历史舞台。击剑在古代埃及、中国、希腊、罗马、阿拉伯等国家十分盛行。公元前11世纪，古希腊就出现了击剑课，并有剑师讲课。在希腊、埃及等国家的一些历史建筑和纪念碑上都可见到关于击剑的浮雕。现代击剑运动是奥运会的传统项目。1896年在雅典举行的第1届现代奥运会上就设有男子花剑、佩剑的比赛。1900年在巴黎举行的第2届奥运会上增加了男子重剑比赛。1924年在巴黎举行的第8届奥运会上又增加了女子花剑比赛。1992年在巴塞罗那举行的第25届奥运会上，女子重剑被列为正式比赛项目。女子佩剑于2004年第28届雅典奥运会上被正式列为奥运会项目。

一、实战姿势

实战姿势是击剑运动所特有的姿势，是运动员在实战开始时准备进行进攻和进行防守的基本姿势。击剑的实战姿势能使运动员暴露最少的有效部位，使对手不易击中自己，而且使运动员能够自然灵活地在剑道上前后移动，随时进行攻防的转换。

三个剑种的实战姿势基本相同，但因各剑种技战术的需要，实战姿势在细节处也有所区别。

（一）花剑

两脚成"丁"字站立，两脚脚跟在同一直线上，双脚之间的距离约与肩同宽。两腿膝关节位置与前后脚脚尖在同一垂直平面上，身体自然挺直，重心放在两腿之间。持剑手臂屈起，肘关节距离身体约一拳，手心向内斜上方，小臂与剑身在同一直线上。非持剑手臂在身体后侧方屈肘举起，手腕自然放松。头转向持剑手臂方向，两眼平视。整个实战姿势必须是受到控制的放松姿势。（见图 5-3-1）

（二）重剑

重剑实战姿势基本与花剑相同，但也有一定的区别。重剑的身体重心略高，两脚间的距离略小，持剑手臂的肘关节距离身体约两拳，剑向前伸，剑尖指向对方。（见图 5-3-2）

（三）佩剑

佩剑实战姿势的站位基本与花剑相同。不同的是身体重心略向前倾，两脚间距离略小于花剑，持剑手臂向前自然屈曲，肘关节靠近身体。护手盘月牙向前偏外，剑身略微竖起，剑尖指向对手头部。不持剑的手叉腰或在体侧自然放下。（见图 5-3-3）

图 5-3-1

图 5-3-2

图 5-3-3

二、握剑方法

（一）花剑

用拇指和食指的第二指节握在剑柄上下两个宽面上，剑柄靠近手心，但不要接触手心。拇指和食指离开护手盘 1 厘米左右。食指的第二指节紧贴着剑柄的外侧，拇指放在剑柄的上面，使两个手指紧捏住剑柄。这两个手指主要作用是控制剑尖的方向，使剑刃做横向、圆形或半圆形运动。另外三个手指轻轻贴在一起，沿着剑柄上侧，每一个手指的第一指节都紧紧地贴在剑柄上。剑握在手中时，掌心与剑柄之间应留有空隙，手腕自然紧张。

（二）重剑

重剑的握剑方法与花剑相同。

（三）佩剑

佩剑的握剑方法是拇指与剑身柔韧面垂直，食指与拇指捏紧剑柄以起到控制剑尖的作用，其他手指围绕剑柄，但注意剑柄与手心要留有空隙，禁止大把抓握。手腕向外翻转使月牙朝向身体外侧，剑身垂直。

三、步法

击剑步法的特点是灵活多变。在比赛中，运动员依靠熟练的步法获得有效的距离与时机，再配合手上技术动作去攻击或防御对手。在复杂多变的赛场上，利用步法产生的距离防守比用手上技术防守的漏洞小很多，所以在有些情况下，距离防守比武器防守更为重要。因此，灵活多变的步法是击剑运动最基本的技术之一，也是击剑运动制胜因素中最重要的一条。

（一）向前一步

从实战姿势开始，前脚尖向上抬起，脚跟沿着地面带动小腿向前迈出，移动约一脚的距离。当前脚迈出时，后脚前脚掌蹬地向前移动与前脚相同的距离，双脚同时落地。在双脚前移过程中，身体重心仍保持在两脚之间。（见图 5-3-4）

图 5-3-4

（二）后退一步

从实战姿势开始，先微微提起后脚脚跟，后脚掌沿地面后移一步落地。前脚随后脚向后退的同时，用全脚掌蹬地向后移动一步。双脚后移过程中，重心仍保持在两脚之间。（见图5-3-5）

图 5-3-5

（三）向前跃步

从实战姿势开始，前腿小腿向前迈出，动作要比向前一步时的摆动大一些。与此同时，后脚脚掌蹬地，两脚离地有短暂腾空，而后前后脚依次落地成实战姿势。注意在整个动作过程中，身体重心要保持平稳，避免出现起伏或前后倾斜。（见图5-3-6）

图 5-3-6

（四）向后跃步

从实战姿势开始，后腿向后迈出的同时前脚掌向前蹬离地面，身体重心随之后移，后腿迈出的幅度比后退一步时大些，经短暂的腾空后双脚依次落地。在整个动作过程中，注意保持身体重心，身体水平后移落地后成实战姿势。（见图5-3-7）

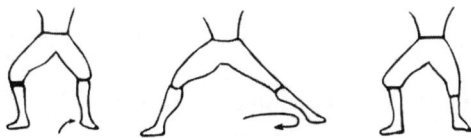

图 5-3-7

（五）弓步

弓步是击剑步法中主动攻击的动作。由实战姿势开始，持剑手臂先向前伸直，前脚尖翘起，脚跟擦着地面带动小腿向前摆出，向前跨一大步使身体重心随之前移。同时后脚掌用力蹬地并伸直后腿，前脚跟先着地，然后过渡到全脚掌。弓步完成后，小腿与地面垂直，大小腿之间成直角，后脚全脚掌着地，同时不持剑的手臂向后伸展，以保持平衡成弓步姿势。

从弓步还原实战姿势时，后手用力提起，同时前脚蹬地伸膝，后膝弯曲使身体重心后移。当后膝收回到后脚上方时，前腿回收成实战姿势。（见图 5-3-8）

图 5-3-8

（六）冲刺

冲刺也是击剑进攻步法之一，其特点是快速、突然、进攻距离远，往往能瞬间给对手造成致命一击（现在佩剑中已禁止使用）。

由实战姿势开始，先将持剑手臂伸直对准目标，身体重心前倾，后脚蹬离地面，后大腿抬起，髋关节前送，当重心超出前腿的同时，前脚蹬离地面并充分伸展身体，经短暂腾空，两脚依次着地并向前跑动。注意冲刺时一定要从对方持剑手的一侧通过。（见图5-3-9）

图 5-3-9

四、有效部位

有效部位是指击剑规则中规定的运动员身体上作为攻击目标的某些部位，也就是得分点。按规则进行攻防格斗，击中有效部位的一方可得分，三种剑的有效部位各有不同。

（一）花剑

有效部位：不含头部和四肢的躯干部分。上至衣领顶端，即锁骨以上6厘米处。躯干两侧至肩袖缝线处，肩袖缝线处应超过肱骨头。人体后面下面至两髋顶端呈水平连线；正面下面至两髋顶端直线向下至腹股沟皱褶的交汇点。新规则规定运动员的护面下沿的护舌部位也为有效部位（图 5-3-10 中浅色为有效部位）。

图 5-3-10

（二）重剑

有效部位：运动员的整个身体，包括衣服和装备都是有效部位。因此击中对手身体的任何部分都能得分（图 5-3-11 中浅色为有效部位）。

图 5-3-11

（三）佩剑

有效部位：运动员成实战姿势时，由大腿和躯干之间形成的皱褶顶点水平线以上身体的任何部分（图 5-3-12 中浅色为有效部位）。

图 5-3-12

五、进攻动作

（一）直刺

直刺是最简单、最常用的进攻动作。运动员在实战中，经常将直刺动作和复杂的技术动作组合在一起运用。

1. 花剑

花剑直刺是从实战姿势开始，剑尖对准目标，以剑尖带动手臂伸直，肩部放松，平稳地向前伸展，刺中目标。剑尖与护手盘下沿同高，此时护手盘稍微外展，剑身弓形向上。
（见图 5-3-13）

图 5-3-13

2. 重剑

重剑的直刺动作与花剑基本一样，但因剑身较硬，护手盘大，在刺的过程中要加大力度，护手盘稍高于肩，剑尖向下刺中目标。（见图 5-3-14）

图 5-3-14

3. 佩剑

佩剑的直刺动作与花剑基本相同，但持剑手法不同，持剑手臂向前伸直时向内旋转，手心向下，剑尖略降低，刺向对方有效部位。（见图 5-3-15）

图 5-3-15

（二）转移刺

转移刺是持剑者用手指控制剑尖，从对方的护手盘的一方，绕一个小弧度而转到对方剑的另一侧然后刺中目标。此动作的目的是摆脱对方武器的控制及破坏对方的防守，最终击中对方。

1. 花剑转移刺

花剑转移方向可以从左到右、从右到左，或从上到下、从下到上；次数可以是一次或多次。转移时注意自己的剑尖与对手的剑平行并围绕对手的护手盘转动，做动作时要用手指、手腕的力量控制好剑尖，移动的弧形不要过大。转移动作要边转移边向前伸手，最后

变直刺刺中目标。（见图 5-3-16）

图 5-3-16

2. 重剑转移刺

重剑的转移刺与花剑的转移刺技术要求相似。

3. 佩剑转移刺（劈）

佩剑的转移刺与花剑的转移刺技术不同之处在于，佩剑转移时要求持剑手手心向下，护手盘月牙转向身体外侧，用手指、手腕控制剑尖，使剑从一侧绕过对手护手盘到另一侧。转移时可做顺时针转动也可做逆时针转动。

佩剑的转移劈从实战姿势开始，先向前伸出手并同时转动护手盘月牙，剑刃、手指、手腕操控剑柄，控制剑身前端，以前臂为轴，剑尖做弧线转动绕过对手护手盘或剑身，进行一次、两次转移劈。（见图 5-3-17）

图 5-3-17

（三）击打刺

击打刺是运用手指和手腕的力量，用剑身敲击对方剑的中间靠前的部位以获得进攻主动权，或使对手暂时失去对剑控制而刺中对手有效部位。

1. 花剑

花剑击打时，用手指、手腕快速发力，注意做动作时肘关节不要动。击打要短促并有爆发力，击打后要控制好剑尖，准确迅速地击中对手有效部位。（见图 5-3-18）

2. 重剑

重剑击打时，击打动作的幅度要小，力度大到足以使对手的剑尖离开自己的有效部位，击打后要以最快的速度刺。

3. 佩剑

由于佩剑的比赛规则与花剑、重剑有所区别，所以佩剑采用劈的动作。佩剑击打劈要求运用剑身的中部某一点，以一定的力量击打对手剑身前部，获得进攻主动权或使对手暂时失去对剑的控制，并劈中对手的有效部位。（见图5-3-19）

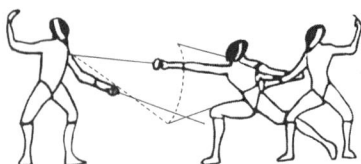

图 5-3-18

图 5-3-19

六、击剑线

　　击剑线经常出现在花剑和佩剑的后退防守中。由实战姿势开始，持剑的手臂伸直，肩、臂、剑三点成一直线，剑尖连续威胁对方有效部位为"击剑线"。花剑、佩剑中的击剑线具有优先裁判权，而且击剑线要在对手攻击前形成，否则将判击剑线无效。（见图5-3-20）

图 5-3-20

七、距离防守

　　距离防守是依靠步法的移动，拉开距离避开对手的进攻，达到保护自己的目的。进行距离防守的前提是具备快速、灵活的步法和良好的距离感。否则，拉不开距离又不做武器防守，危险性较大。因此，在比赛中应将武器防守与距离防守有机地结合起来运用。

八、反攻技术

　　反攻是在对手发动攻击的时间内，所做出的攻击动作或防御性的攻击动作。反攻技术是一种后发而先至的得分手段。击剑规则规定：一般反攻、及时反攻和对抗反攻能获得优先裁判权。重剑的反攻技术要求运动员要在1/25秒内击中对方才能得分。花剑和佩剑的反攻技术要求运动员要在对方没出手前抢先出手，否则将失去优先裁判权，就算双方同时击中也将被判失分。

（一）一般反攻

　　下蹲反攻：在对方进攻时，突然改变身体位置做出深蹲动作闪躲对方的剑，同时伸剑刺向对方。可以原地下蹲也可以在后退中下蹲，注意下蹲时护面不要遮挡身体有效部位，以防造成犯规。

　　侧身反攻：在对方进攻时，后脚向后侧移一步，使身体正面突然向侧面闪开，同时伸剑刺向对手有效部位。注意侧身时后肩不要超越持剑手臂，以防造成犯规。

（二）及时反攻

点抢：在对方向前做复杂进攻动作或进攻没出手时，在后退的过程中抓准时机，伸剑点刺对方有效部位。

弓步抢：在对方进攻未确定有效攻击的距离或上步犹豫未出手时，在后退中突然向前靠近改变距离，出手抢先刺中对方有效部位。注意一定要抓准时机，稍有犹豫很容易被判失分。

（三）对抗反攻

对抗反攻是关闭对方进攻线路、中止对方进攻动作的反攻。在对抗反攻前，要先观察并确定对方要攻击的点，对方进攻时要主动拉开距离，用护手盘和剑的前部迎上去关闭对手的进攻路线，同时击中对方有效部位。

第四节　拓展训练

一、拓展训练概述

（一）起源与发展

拓展训练（Outward Bound），又称外展训练，意思是一艘小船离开安全的港湾，开始勇敢的探险旅程。该项目起源于第二次世界大战期间的英国。当时盟军大西洋商船队遭到德国纳粹潜艇的袭击，大部分水手在运输船被击沉后葬身海底，只有极少数人得以生还。人们发现，每一次灾难过后都会有一小部分人能够活下来。一些心理学家和军事专家对此进行的研究发现：当灾难来临时，决定一个人能否生存最关键的因素不仅是体能，更是心理素质。那些少数幸存者有着丰富的经验和阅历，在灾难来临时他们沉着冷静，怀着坚定毕生的信念，团结一致，互相依赖，最终摆脱了葬身海底的命运。而大部分人被恐惧和沮丧击溃了心理防线，体力急剧下降，在无序和混乱中挣扎，最终导致死亡。在某些关键时刻，决定命运的不是体能，而是心理和思维。

目前，拓展训练已遍及世界许多国家和地区，总部设在英国的户外训练学校（Outbound School）已在全球设立30多所分校，是世界各地拓展训练活动的中心，受训人员包括学生、家长、教师、企业人员和各级管理人员。

（二）特点

1. 强调协作性

培养团队精神是设计拓展训练的核心，因此在设计项目时必须包含集体项目。以集体身体活动为形式设计的团队项目，要求项目的完成要依赖集体的团队协作。在拓展训练中，一个人的力量再强也不代表成功。在整个团队中，每个人都是必不可少的一部分，在这里1加1不等于2，而是更多成员之间互相信任、互相激励、互相学习、互相帮助，在训练中，每个人都能充分体会到其中的乐趣，也可以清楚地看到自己的价值所在。

2. 自我挑战和超越

拓展项目设计时要求提高学生的心理承受能力，提高他们对挫折的适应能力。通过创设一定的现实情境，让学生经受躯体磨难、心理冲击，加强意志、魄力和挫折排解力的训练，最终使学生能够经受住残酷的打击，使学生有这样一种体会：那么艰难的处境都挺过来了，世上还有什么困难不能战胜？

3. 鼓励创新

拓展训练过程能够体现学生智慧的闪光点。通常在拓展训练中，都存在一个怎样完成任务才能做到最快、最好的问题，这就需要学生相互讨论、设计不同的解决方法。这样就给学生留下了解决这些问题的思考空间，有利于促使学生积极开动脑筋，以最佳的方式完成任务。创新是拓展训练中学生主体参与的一个重要体现。

为了更好地体现创新性原则，教师在设计拓展训练时，应该在规则允许的范围内尽可能多地留有完成任务的多种方法的选择余地，这样就能不断地开拓学生的想象力和创造力，提高他们的智力水平，这也是拓展训练的价值所在。

4. 知识性、趣味性和多样性

拓展训练是一种集体育、教育、旅游、探险、娱乐、休闲等多种功能为一体的新型综合性项目，在项目设计中必须体现它的综合功能，而不是突出它在某一方面的单一性能，否则就会削弱它的内在意义，甚至动摇它的存在价值。所谓知识性，主要体现在它的体育和教育功能中；所谓趣味性，主要体现在它的旅游和娱乐功能中；所谓多样性，主要体现在它的探险和休闲功能中。

5. 微型社会

拓展训练的项目设计要求有一定的规则，以提高学生遵守规则的能力。在这个基础上，项目设计要求培养学生良好的人际关系，培养一个互相信任、协作默契的团队，增强团队的稳定性和学生的归属感、事业心、向心力。

二、拓展训练项目介绍

（一）沟通项目

1. 你是我的眼

（1）项目目标：提高体能；培养学生的领导才能与语言表达能力；培养学生聆听与信任别人的能力。

（2）场地器材：在操场内找一块长30米、宽20米的场地，利用实心球、海绵垫、小旗、锥桶等布置障碍；若干眼罩。

（3）人员要求：全班学生。

（4）项目布置：两人一组，把全班学生分成若干组，"盲人"（选择其中一人）在起点处戴上眼罩，一人在场外进行指挥，当"盲人"碰到障碍物时，必须停止前进，在原地等待5分钟后，再继续前进。两组同时进行，看谁先通过障碍到达终点线。

（5）注意事项：①布置场地时不要选择一些可能在进行中造成伤害的物品作为障碍物，注意障碍物的安全摆放。②当障碍物被碰出原位置时，由不进行项目的学生主动恢复。③注意随时保护戴眼罩学生的安全。④项目设置可以灵活多变，如两个为盲人，一个为正常人。

（6）引导讨论：①当项目开始时，戴眼罩的人与指挥者分别有什么心理活动（自信心、信任程度、对成功的渴望程度等）？②项目进行中，戴眼罩的人与指挥者要进行什么样的协调工作？③项目结束后，戴眼罩的人与指挥者分别有什么心理活动？

（7）项目分享：①语言表达能力是良好沟通的保证。②对同伴负责就是对自己负责。③体会认真、细致与准确的重要性。④体会行动中同伴与自己的关系。

2. 孤岛求生

（1）项目目标：发展体能；培养学生主动沟通、信息共享的能力；培养学生认识个人成功与集体成功的互相依存关系。

（2）场地器材：在操场内找一块平整的场地，挡板若干，2块木板，1个空的水桶，3个网球，跳绳若干，眼罩若干。

（3）人员要求：全班学生。

（4）项目布置：用挡板围成4个岛屿，分别是幸福岛、盲人岛、哑人岛、健全人岛。把全班学生分成3组，一组是"盲人"（戴眼罩），居住在盲人岛，岛上有3个网球，离岛两米处有一个空水桶，"盲人"在最短的时间内把1个球投到桶里面去，才能移动到幸福岛；一组是"哑人"（不能讲话），居住在哑人岛，岛上有2块木板，只有移动木板才可以到达幸福岛，但只要有落水者即被冲到盲人岛；一组是健全人（既能讲话又看得见），居住在健全人岛，没有任何器材，要求他们要连续完成 500 次跳绳，然后才能移动到幸福岛上，落水者即被冲到盲人岛，健全人可以指挥"哑人"和"盲人"。

（5）注意事项：①项目要严格按照规则进行。只有完成了自己的任务才能离开自己的岛屿去幸福岛，并且只能借助木板移动。②提醒学生注意完成项目的时间。

（6）引导讨论：①面对复杂的情景与琐碎的事物，决策层是怎样完成自己的决策的？②"哑人"和"盲人"是如何贯彻决策？他们是如何与决策层进行协调的？

（7）项目分享：①盲人岛、哑人岛、健全人岛分别相当于一个团队的基层、中层和决策层，决策层常常会被琐碎的事务所烦扰，不能科学决策。②主动双向沟通，中层对自己解决不了的问题应及时向决策层汇报。③基层要发挥能动性，共同参与项目进程。④分清主要目标与次要目标。⑤确立整体观念，打破不同集团利益的壁垒。⑥突破思维定式，充分利用规则。

（二）破冰项目

1. 直呼其名

（1）项目目标：发展体能；培养学生的语言能力；培养学生的注意力与聆听能力。

（2）场地器材：在操场内找一块平整的场地，准备网球或乒乓球若干。

（3）人员要求：全班学生。

（4）项目布置：把全班学生分为人数相等的两组，每组学生手拉手围成一个圆圈，把手放下。项目从圆圈中的某个学生开始，这个学生拿着 1 只网球，递给左边的同伴，然后大声喊出自己的名字。接球者同样向左边传球，喊出自己的名字，一直传下去，直至球回到这个学生手中。接着，改变项目规则，还是向左边同伴传球，要求接球同伴喊出传球人的名字，直至球传回到这个学生手中。然后把上述步骤再练习一遍，方向是向右边同伴传球。做完后打乱原来的顺序，重新组成圆圈，再加一两只球进来，项目继续进行。

（5）注意事项：传球时不能扔球，要把球递到同伴手中。

（6）引导讨论：①你记住几个人的名字？你忘了几个人的名字？②在项目进行中，你的注意力集中了吗？③这个项目对你有什么启发？

（7）项目分享：①在信息传递中要记住对你有用的情节。②在紧张的工作中保持镇静的心理可以收到较好的效果。

2. 团队建设

（1）项目目标：提高体能；促进学生相互了解，使团队快速"融冰"，形成热烈的团队氛围。

（2）场地器材：在操场内找一块空闲的场地。

（3）人员要求：全班学生。

（4）项目布置：把学生按 12～15 人分成一组，每组学生进行自我介绍后，任命队长，起队名，设计队训、队歌与队徽，完成后各组进行展示。

（5）注意事项：①要求每组学生在一定的时间内完成任务。②教师对学生相互了解的程度进行检查。

（6）引导讨论：①你认为自己的精神风貌展示出来了没有？②在你了解本组同伴时，你都记住了哪些人？他们的什么特点使你印象深刻？③你介绍自己时有没有突出重点？听听别人对你的印象。如何引起别人对你的注意？

（7）项目分享：①针对不同的谈话对象，谈话的侧重点不同。②表达时一定要注视对方的眼睛。③要让别人把话讲出来。

（三）团队合作项目

1. 空中钻洞

（1）项目目标：发展体能；培养学生团结一致、克服困难的精神。

（2）场地器材：在操场内找有大树的场地，在大树离地约 2.5 米的空中利用树杈挂一个轮胎。

（3）人员要求：全班学生。

（4）项目布置：所有的学生都要通过轮胎的中心，即从轮胎的一边到另一边。

（5）注意事项：①保证过轮胎的学生的安全。②轮胎的直径要以基本能通过人为佳，不能太大，也不能太小。③不能让过轮胎的学生直接吊在轮胎上。

（6）引导讨论：①在项目过程中，你体会到集体合作了吗？说说你与集体的关系。②在项目刚开始时，你感觉有难度吗？当第一个人通过后，你的想法如何？面对不同身体条件的同伴，你们是怎么处理的？

（7）项目分享：①感受集体合作的快乐。②面对一项困难的任务时，有计划地进行组织，协调力量，争取更大的胜利。③每个人都可以在团队中发挥作用。

2. 鳄鱼潭

（1）项目目标：发展体能；培养学生团结一致、相互鼓励、克服困难的精神。

（2）场地器材：在操场内找一块平整的场地，画一个半径为 3 米的"深潭"。25 米长的绳子 1 根，箱子 1 个。

（3）人员要求：全班学生。

（4）项目布置：把全班学生分成两组，把箱子放在潭中央，每组利用 25 米长的绳子，从潭中央取出箱子，箱子里面有一把打开金库的钥匙。在行动中，由于潭内有"鳄鱼"，人触及潭面或落入潭中将被"鳄鱼"吃掉，不能继续参与项目。

（5）注意事项：教师规定完成项目的时间。

（6）引导讨论：①方案是怎么制定的？为什么那样制定？②你发表你的想法了吗？你的想法得到大家认可了吗？

（7）项目分享：①感受集体合作的快乐。②面对一项困难的任务时，从策划、决策到实施是必需的过程。③要学会倾听别人的观点，以形成良好的决策氛围。

（四）个人挑战项目

1.救护伤员

（1）项目目标：发展体能；感受在危急时刻时间就是生命，激发学生奋不顾身的精神。

（2）场地器材：操场内邻近看台楼梯的一块平整场地。

（3）人员要求：全班学生。

（4）项目布置：把全班学生分成人数相等的两组，一组扮伤者，一组进行救护。在整个救护过程中，"伤者"不能碰到地面。将"伤者"尽快救护至看台上的安全地带。一组做完后，交换角色。计算每组完成项目所用的时间，以时间少者为胜。该项目也可以设计成其他比赛场地。

（5）注意事项：①项目开始前，教师做好情景动员。②项目结束后，教师要举例说明该项目的现实意义。

（6）引导讨论：①你在筋疲力尽的时候有没有畏惧面前的任务？你的心理状态如何？②在危急时刻，头脑冷静，最大限度地发挥个人作用。

（7）项目分享：①灾难面前，冷静会产生意想不到的效果。②有时候沉默是金。

2.软网攀登

（1）项目目标：发展体能，挑战个人心理极限。

（2）场地器材：软网1张，保护绳2～3根，大海绵垫子2块。

（3）人员要求：全班学生。

（4）项目布置：由教师进行示范讲解，男生先做练习，然后女生做练习。

（5）注意事项：做好安全保护工作，在网下放置2块大海绵垫子，全班学生在网下保护，同时鼓励翻越软网的同学。

（6）引导讨论：①当你还没有翻越软网时，你如何看待其他学生翻越软网时的表现？②你在翻越软网的一瞬间有没有恐惧感？你是如何克服的？③当你从软网上下来后，你又是如何看待同伴在网上的表现的？

（7）项目分享：①体会换位思考。②思考如何战胜自己的心理怯懦，提高自己的心理极限。

三、拓展训练的风险防控

安全是拓展训练的生命线。在拓展训练的设计、组织过程中应强化"安全第一"的思想。由于拓展训练通常利用瀚海大川和高山峭壁来培养人与自然斗争的能力，培养人的自信心和团队合作能力，通常利用一些危险地势（如高空项目）来达到锤炼人生、提高能力的目的。因此，在项目设计时必须考虑以项目的安全性为原则，即使在平地上进行的一些拓展训练也要求场地、设施没有任何尖棱角和较硬的物体，不会因撞击、摔跤而造成伤害等。同时拓展训练还要特别防止人为的伤害。因为在比赛过程中学生之间难免会发生一些矛盾、冲突，教师应及时进行观察，必要的时候进行指导，简要地说出正确的行为方式，让他们及时化解矛盾，继续学习，直至完成。在上课过程中必须遵循以下几点原则：

（一）备份原则

任何需要安全防护的地方及器械都有备份，确保万无一失。

（二）复查原则

所有的安全保护在准备完毕后都要再复查一遍，消除操作失误的可能性。

（三）监护原则

教师对项目进行中可能遇到的安全问题进行全程监护，将隐患消除在萌芽中。

（1）安全保障：完善的安全管理体系、随时随地的安全意识、国际认证的器材装备、严格规范的操作方法、多年积累的实战经验。

（2）安全管理三要素：消除物的不安全状态、杜绝人的不安全行为、控制环境的不安全因素。

由于一部分拓展训练的课程要求学生在空中完成攀登、跳跃、行进、下降等动作，为了确保学生安全，还应该确认校方或学生本人是否已经购买人身意外保险。

第五节　钓　鱼

一、钓鱼概述

高雅恬静的垂钓活动作为中华古老文明的一个小小侧面，历经千年而不衰，直到今天仍为广大人民群众所喜爱。

在内陆淡水水域开展垂钓活动由来已久，它起源于古代先民的生产活动。随着生活环境的安定和生活水平的提高，垂钓逐渐从生产活动中分离出来，成为一种充满趣味、充满智慧、充满活力、格调高雅、有益身心的文体活动。古往今来，人们都将钓鱼看作一项有益于身心健康的娱乐活动。在古代，很多名人、学者都喜爱钓鱼，虽然他们垂钓的目的各不相同，但培养高雅的情趣是完全一致的。如今，垂钓已经风靡于世界。

钓鱼运动在 1983 年即被列为我国正式开展的体育项目，先后经历了国家体委管理、农业农村部代管、国家体育总局社会体育指导中心直管三个不同的历史阶段。2012 年 1 月，中国钓鱼运动协会（CAA）经国务院同意、民政部批准成立。该协会是接受国家体育总局和民政部登记管理机关的业务指导和监督管理的全国性、非营利性社会团体，是代表中华人民共和国参加相应国际钓鱼运动组织的合法代表。协会下设 9 个专业委员会。中国奥委会副主席王钧当选为第一任会长。

中国钓鱼运动协会（简称钓协）的成立标志着钓鱼被重新纳入体育运动发展轨道，对中国钓鱼运动的发展具有里程碑式的意义。中国钓协将着力发挥竞技钓鱼运动对钓鱼行业、技术发展进步的引领与带动作用，通过加强制定钓鱼行业的规则、打造高水平的竞赛品牌、开展高水准国际交流等举措，全方位提升钓鱼运动品质，促进全民健身运动开展。

二、钓鱼基本钓法

钓鱼的基本钓法可以按照不同标准划分为传统钓、悬坠钓、竞技钓、台钓和路亚钓等。按不同地点又可分为淡水池钓、自然水域垂钓和海钓等。

三、钓鱼基本技术

（一）准确抛竿

抛竿最重要的一点就是"准"，要想每次都能把钓饵准确地抛入钓点，需要长时间的练习才能达到。高手每次抛入钓点最多只有碗口大的误差范围，而新手每次抛竿的误差都有簸箕那么大，这两者之间的差距可想而知。

（二）选漂和调漂

调漂的第一步就是先找底，经过找底之后才算真正的调漂。调漂调出不同的调目和钓目，鱼钩和子线在水底会呈现不同的状态，一般鱼钩的状态有：双钩悬空、一钩悬空一钩轻触底、一钩轻触底一钩躺底、双钩躺底。子线的状态有：双子线垂直、一条子线垂直另一条倾斜、一条子线垂直另一条子线弯曲、一条子线倾斜一条子线弯曲、双子线

弯曲、双子线平躺等。各种状态对应着不同的调钓方法，只有把这些弄明白了，才能谈得上精准调漂。

（三）提竿时机和溜鱼技巧

准确地把握提竿时机不仅能大大增加中鱼的概率，而且能减少跑鱼的概率。提竿过早，很多都是空竿，提竿迟了，要么空竿，要么勾不到正口；只有在不早也不晚，也就是在鱼刚把钩饵吃进嘴里的时候提竿才是最佳的提竿时机。浮漂是钓鱼人的眼睛，想要准确地把握提竿时机，就需要认识各种漂相。

在钓到小鱼的时候，基本不需要溜鱼，几两重的小鱼直接提竿甩到岸边就行了，当钓到大鱼时，就不能随心所欲地往岸上硬拽，这时就需要溜鱼，溜鱼就是消耗鱼自身体力的过程。再好的鱼竿和鱼线都有其能承受的拉力极限，当超过它的极限时鱼线就会被拉断。溜鱼的过程中钓鱼人通过调整鱼竿和鱼线形成的角度来保护鱼竿不被折断，利用鱼竿的柔韧性来缓冲人与鱼间相互的拉力，从而保护鱼线不被拉断。硬拽就相当于人与鱼进行一场拔河比赛，比赛结果很可能是断线、断竿，鱼钩被拉直，鱼嘴被鱼钩豁开等。

（四）绑线组

线组一般需要主线、太空豆、浮漂座、八字环、铅皮座、子线、鱼钩等基本配件。钓鱼人自己绑线组可不单纯是为了省钱，最主要的是结实耐用。影响线组是否结实耐用的因素除了与配件本身质量的好坏有关，还与鱼线的打结和绑钩的方法密切相关。无论用哪种绑线方法，都应该以减少对鱼线的损害程度为目的。

（五）开饵和上饵

上饵的方式有穿饵、拉饵和搓饵。穿饵最简单，用蚯蚓钓鱼就属于穿饵，其次就是拉饵和搓饵了，具体方法是大鱼上大饵，小鱼上小饵。钓鱼者一般经过一段时间手法上的练习，就能够很熟练地上饵了。

开饵表面上看并不是很复杂，饵料的黏散和干软是一个揉打程度和饵水比例问题，其实则不然。如果上饵是考验钓鱼人的技巧，那么开饵需要的则是经验。钓鱼人都知道钓什么鱼用什么饵，但要想真正用对饵，就需要仔细钻研。饵料不仅有颗粒状、片状、粉状的，而且有各种香味和各种腥味等多种味型，还有各种调节状态的辅饵，这么多种类的饵料，在什么样的情况用哪种饵料、如何用，都在考验钓鱼人的经验。

以上技能中，选漂、抛竿、提竿、溜鱼和上饵这几种技能只要勤练就完全能熟练掌握，学会这些顶多能算高手；调漂和开饵是有多种变化的，如果能根据实际垂钓情况变化来做出相应准确的应变，那便可以成为钓鱼大师。

第六节 轮 滑

一、轮滑概述

轮滑

（一）轮滑的起源与发展

关于轮滑运动的起源有几种说法，较为大众所认同的是 18 世纪初荷兰的一位运动员为了在夏季进行滑冰训练，将木线轴安装在皮鞋底下滑行，由此成功地创造了用轮子鞋"滑冰"的历史。他的举动引起了人们的兴趣，带动了轮滑运动在欧洲的诞生、兴起，并得到了较快的发展。真正现代意义上的轮滑鞋，是由美国人詹姆斯于 1863 年发明的，他首次使用金属轮子代替木制轮子。1866 年，詹姆斯在纽约投资开办了第一个室内轮滑场，并组织建立了纽约轮滑运动协会，首次将轮滑列为正式的体育比赛项目。早期的轮滑鞋是双排轮结构，而后有人再次从冰刀上获得灵感，创新出了直排轮滑鞋，这种鞋的构造特点赋予了这项运动无穷的魅力和变化。它轻巧灵便，坚固耐用，可以让人们完成许多动作，轮滑运动的乐趣又一次被无限放大，而这个运动项目也因此得到了迅猛的发展。1924年，来自英国、法国、德国和瑞士四国的代表在瑞士成立了国际轮滑联合会。

中国轮滑运动起步较晚，20 世纪 30 年代初期轮滑才传入中国，当时只是沿海城市偶有所见，并不普及。中华人民共和国成立后，轮滑运动在南方的一些城市得到了较好的推广。正式开展此项运动是在 20 世纪 80 年代初期，全国各地开设了辅导班，兴建了轮滑场地，举办了轮滑表演，将这一项目大力推广开来。我国于 1980 年正式成立中国旱冰协会（1987 年更名为"中国轮滑协会"），同年加入了国际轮滑联合会，1986 年加入了亚洲轮滑联合会。中国轮滑协会主持管理的轮滑运动项目主要包括花样轮滑、速度轮滑、轮滑球、极限轮滑和平地花样轮滑等。1983 年 10 月，中国第 1 届全国轮滑锦标赛在北京工人体育场举行。截止到 2019 年，我国已经举办了 30 多届全国锦标赛。2005 年，苏州成功地举办了世界速度轮滑锦标赛。随着人们生活和经济条件的改善，全民健身意识的加强，单排轮的轮滑运动不断普及，已经成为深受大众喜爱的一种时尚运动。在全国的高校中，开展轮滑教学已极为普遍。

（二）轮滑的特点

轮滑运动是一项集健身、竞技、趣味、娱乐、技巧、休闲、惊险于一体的全身性运动，从 20 世纪 80 年代开始风靡世界，尤其在欧美国家更加流行。轮滑运动中要求练习者灵活变换重心，维持动态平衡。轮滑在腿部用力上有侧蹬用力的特点，在学习过程中必须克服陆地上走或跑时后蹬用力的习惯，建立侧向用力的概念，掌握正确的用力方法。

（三）轮滑的装备

1. 轮滑鞋

轮滑鞋根据形式的不同，分为双排轮滑鞋和直排轮滑鞋两种。双排轮滑鞋主要应用于花式表演和轮滑球运动；直排轮滑鞋主要用于速度比赛、轮滑球运动和室内外休闲运动，是目前轮滑鞋的主流。（见图 5-6-1）

直排轮滑鞋　　　　　　　　双排轮滑鞋

图 5-6-1

2. 护具

护具是最容易被忽视但又很重要的一项装备，包括头盔、护肘、护腕和护膝。戴护具不仅能保护自己，还有助于保持良好的练习心态。

二、轮滑基本技术

（一）站立、平衡和移动

1. 站立姿势

（1）丁字形站立：将左脚跟紧靠在右脚的内侧（或将右脚跟紧靠在左脚的内侧），使两脚成丁字形。两膝微屈，重心稍偏于位置居后的脚上，上体略前倾，抬头，双眼平视前方，两臂在体侧自然打开，以控制身体平衡。（见图 5-6-2）

（2）八字形站立：两脚成八字形自然分开，两脚脚跟靠近，两膝微屈。上体微前倾，身体重心放在两脚之间，保持身体平衡。（见图 5-6-3）

（3）平行站立：两脚分开，与肩同宽。两脚尖稍内扣，上体微前倾，两膝微屈。身体重心放在两腿之间，保持身体平衡。（见图 5-6-4）

图 5-6-2   图 5-6-3   图 5-6-4

2. 原地移动重心

【方法要点】在两脚平行站立的基础上，上体向一侧移动，并逐步将身体重心完全移至一侧支撑腿上；待平稳后，上体再向另一侧腿上移动，并将身体重心完全移到该腿上。反复练习。

【易犯错误】在练习时，易使两脚变成八字站立，这样在重心移动时，会造成重心不能完全移到支撑腿上。

【纠正方法】保持两脚并行站立。

3. 原地踏步

【方法要点】在八字站立的基础上，重心移到一脚上，另一腿微屈上抬，使脚离开地面 5～10 厘米再落下，重心移至另一脚，交替练习。

【易犯错误】步幅过大，重心不稳。

【纠正方法】抬腿要低，速度要慢。当重心完全移到一条腿上时再进行交换。

4. 原地蹲起

【方法要点】在两脚平行站立或八字站立的基础上，做下蹲、起立动作，身体重心放在两脚之间，两臂自然打开。（见图 5-6-5）

【易犯错误】起立时，身体先弯屈，再直立。

【纠正方法】开始时，可以先做半蹲，速度稍微慢些，然后再逐渐过渡到深蹲，快速完成，保持身体的垂直升降，注意动作的协调性。

5. 两脚原地前后滑动

【方法要点】在平行站立的基础上，做一脚向前一脚向后的来回滑动练习，两臂前后摆动，像走路一样配合双腿运动。

图 5-6-5

【易犯错误】在滑动过程中，重心落在一条腿上，两脚不能保持平衡。

【纠正方法】保持两脚平衡，两腿伸直，大腿发力做前后滑动练习，或手扶栏杆、手扶同伴进行练习。

6. 向前八字走

【方法要点】在丁字步或八字步的基础上，一脚向前迈出一小步，脚尖向外侧，成八字形落地，同时身体重心迅速跟上，当重心完全落到前脚上时，后脚再抬起向前迈，两脚交替进行，移动身体重心。（见图5-6-6）

【易犯错误】先迈脚，后移重心，前脚会被移动重心的惯性推动向前滑走，使重心无法落在前脚上。

【纠正方法】小步幅、慢节奏练习。重心随迈出的脚同时前移，脚落地，重心跟上。

图 5-6-6

7. 横向迈步移动

【方法要点】在平行站立的基础上，一腿向外侧迈出一步，随之身体重心迅速跟上，另一腿收回，在内侧靠拢着地，并承接重心，然后换腿练习。

【易犯错误】滑行时脚尖向外，重心在两腿之间。

【纠正方法】开始练习时步子要小，在向右移动时，左脚适当加大蹬地的力量，向左移动重心时，右脚适当加大蹬地的力量。可在同伴的帮助下完成，也可以通过语言进行提示。

（二）滑行

1. 双滑行练习

在学会八字走的基础上，连续走几步，然后两脚迅速并拢，两脚由八字形变为平行，借助惯性向前滑行。动作的关键是重心保持在两脚之间。

2. 低姿交替蹬地滑行

【方法要点】两脚八字形站立，膝、踝微屈，两脚同时向外侧蹬地，使两脚同时开始向前滑行，重心随之偏向左脚，左腿成支撑腿。右脚在稍加蹬地后迅速收回，向左脚靠拢，脚尖朝向外侧，落地自然成八字步，同时重心向右腿上移，左脚开始蹬地，如此交替进行。（见图5-6-7）

【易犯错误】重心处于两腿之间，滑行的步子较小，收腿较快。

【纠正方法】做横向迈步移动练习，逐渐提高单腿支撑能力。

图 5-6-7

3. 高姿交替蹬地滑行

【方法要点】在低姿交替蹬地的基础上，调高身体姿势，右脚内侧蹬地，重心随之移向左脚，成左脚支撑滑行。右脚蹬地结束后放松收腿，当右脚靠近左脚时，重心开始回移，左脚开始蹬地。右脚落地后成右腿支撑滑行，然后收左腿，两脚交替蹬，交替滑行。

【易犯错误】蹬地后收腿困难。

【纠正方法】尽量在短促的蹬地动作结束后，马上回收，膝、踝全屈，重心落在前脚掌处。

4. 向前直线滑行

【方法要点】原地两脚成T字形站立，左脚在前，右脚在后，两腿稍弯曲，用右脚内侧蹬地，重心慢慢移至左脚；右脚蹬直后右腿蹬离地面，成左脚向前滑行，然后右脚在左脚的侧面落地后，左脚重复上述动作，成右脚向前滑行，两脚交替向前直线滑行。在整个滑行过程中，两手自然向体侧分开，帮助维持身体平衡。

【易犯错误】重心在两脚之间，不能形成单脚支撑。

【纠正方法】在两脚曲线滑行的基础上，身体重心逐渐移至单脚上，成单脚滑行，另一脚在滑行脚后抬起。

5. 蛇形向后滑行

【方法要点】由平行站立开始，两脚分开（约一脚距离），两腿弯曲；用右脚内侧蹬地，身体重心移向左侧，成左脚向后滑行；右腿在体前伸直，随即右脚放在左脚侧面，恢复成开始姿势，然后用左脚蹬地，重复上面的动作。做蛇形向后滑行时，要注意在滑行中上身始终保持前倾姿势，两膝保持弯曲，两手在体侧分开侧举。

【易犯错误】在滑行的过程中身体直立或后仰。

【纠正方法】在完成向后的葫芦滑行获得一定速度后，进行蛇形后滑行。左右脚各蹬地滑行一次，依靠滑行的惯性两脚平行站立滑行一次，身体保持正确的滑行姿势，反复练习。

（三）滑行停止法

1. 八字停止法

【方法要点】在获得一定的向前滑行速度后，两脚平行分开站立，随后脚尖内转，两脚以内侧轮柔和地压紧地面，两腿弯曲，上体稍前倾，臀部下蹲，两臂前伸以维持身体的平衡。

【练习方法】

（1）在向前滑行时，两脚平行分开站立，先使右脚脚尖内转，以内侧轮柔和地压紧地面，身体重心稍向左移，反复练习。

（2）在能够完成前面动作的基础上，再按照内八字停止方法进行练习。速度可由慢到快，循序渐进。

2. T形停止法

【方法要点】左脚向前滑行开始，右脚在左脚后跟处成T形放好后，将右脚慢慢放在地面上，以内侧轮柔和地压紧地面，减缓向前滑行速度，直到停下来为止。（见图5-6-8）

图5-6-8

【练习方法】

（1）原地左脚在前，右脚在后成 T 形站立，右脚以内侧轮蹬地，左脚向前滑行，随后右脚在左脚后做 T 形停止动作，速度可由慢开始，以便体会动作。

（2）在完成（1）的动作基础上，加快向前滑行速度，按照 T 形停止动作进行练习。

3. 两脚急停法

【方法要点】在向前滑行时，两脚同时向顺时针（或逆时针）方向急转，左脚以内侧轮、右脚以外侧轮，滑行方向成 90°角压紧地面，同时身体向右急转，重心移到右腿上，两膝弯曲，两臂前侧伸，滑行即可停止。

【练习方法】

（1）原地两脚平行分开，按上述动作要领，随后在低速向前滑行中完成动作。

（2）保持一定的向前滑行速度，两脚平行向前滑行，做两脚急停练习，直至熟练掌握后，就可以随意使用两脚急停动作。

4. 倒滑停止法

【方法要点】在向后滑的过程中，将两脚变为前后开立，身体重心移到前脚的前方，同时抬起两脚脚跟，后轮离地，制动脚着地与地面摩擦，利用摩擦力停止下来；停止时，身体稍前倾，两臂侧举以维持平衡。

【练习方法】

（1）手扶栏杆或在同伴扶持下，原地抬起脚跟，身体稍前倾，以制动器支撑站立。

（2）向后慢速滑行，两脚平行站立滑行，随后抬起脚跟，以制动器压紧地面至停止。

（四）弯道滑行

弯道滑行技术与直道滑行技术有很大的区别。弯道滑行技术的特点在于练习者用交叉步滑行，由于向心力的作用，上身不仅前倾，而且还要向侧倾。

1. 走步转弯

在向前做八字走或半走半滑时，如向左转弯，在每一次脚落地时脚尖都要向左转动一点，身体也随之向左转动一点，逐渐成弧形的走滑路线；如向右转，则动作方向相反。

2. 惯性转弯

在滑行获得了一定的速度后，两脚平行稍靠近些，如向左转，则左脚略靠前，右脚靠后，重心落在两脚之间靠左脚 1/3 处，前腿略弓，后腿蹬直，身体重心压在左脚和右脚的左侧，利用惯性向左侧滑一较大的弧线；如向右转，则动作方向相反。

3. 短步转弯

在学会慢的转弯技术的基础上，身体姿势较低，重心完全落在右腿上，甚至超出右腿的支点，左脚向左侧蹬后迅速收回，靠近右脚落地做非常短暂的支撑；此时右脚迅速向右稍转脚尖，左脚再迅速向侧蹬出，连续做此动作就可以加速转弯；如向左转，则动作方向

相反。（见图 5-6-9）

4. 左脚支撑，右脚连续蹬地滑行

从站立姿势开始，左脚用外侧蹬地后迅速与右脚并拢，接着右脚再做一次蹬地动作，左脚继续做前外曲线滑行。

5. 在圆弧上不连贯的交叉步滑行

在圆弧上用直线滑行方法，中间插入弯道交叉步，当左脚有稳定的平衡后，右脚向左脚左侧前方迈一小步。只要右脚有短暂的滑行之后，左脚就迅速从右腿后方收回，同时右脚蹬出，左脚直线滑行，反复练习。

图 5-6-9

第七节 台 球

台球百科

一、台球概述

台球起源于欧洲，至今已有几百年的历史。从 19 世纪初起，台球运动开始进入成熟阶段。

台球分为英式台球、美式台球、法式台球和开伦式台球。英式台球中的英式比例台球（又称为三球落袋式台球）属于基础类型的台球，是世界上正式的台球比赛项目之一。英式比例台球与斯诺克台球主要流行于英国和欧洲大陆。目前，世界上许多著名斯诺克台球运动员的基本功都相当扎实。在斯诺克台球中，不仅运动员自己可以击球入袋得分，也可以有意识地打出让对方无法施展技术的障碍球，从而使对方进攻受阻。因此，斯诺克台球竞争激烈、趣味无穷，是世界台球大赛的项目之一。

从 20 世纪 80 年代开始，台球运动在我国逐步发展起来。1986 年，我国成立了中国台球协会，各省市也相继成立了地方台球协会。2002 年，丁俊晖成为中国第一个台球世界冠军。

二、台球基本技术

（一）身体姿势

正确的姿势是自然、放松，身体重心平稳。

（1）肘关节弯曲成 90°角。（见图 5-7-1 ①）

（2）握杆时手腕放松，四指微握。（见图 5-7-1 ②）

（3）两脚避免张得太开或太过于靠拢，要使重心平稳，身体的姿势自然轻松。（见图 5-7-1 ③）

（4）击球前要使握杆、架桥、母球及目标球成一条直线，然后开始做平稳的抽打动作，以预备击球。（见图 5-7-1 ④）

（5）球杆必须在脸部（下颌）中心的正下方，使架桥、下颌、握杆三点成一条直线。（见图 5-7-1 ⑤）

（6）球杆必须瞄准正确的撞击点。（见图 5-7-1 ⑥）

图 5-7-1

（二）握杆方法

握杆的方法正确与否直接影响到出杆的好坏。正确的握杆方法是：拇指和食指在虎口处用轻力握住球杆，其余 3 个手指要虚握。握杆时，手腕要自然下垂，既不要外翻，又不要内收。

（三）击球动作结构

1. 架杆

架杆就是用手给球杆一个稳定的支撑（架桥）和对杆头在主球的击球点进行调节的姿势，架杆是打好台球的重要环节。

（1）基本架杆方法

①V 形架杆：先将整个手掌放在台面上，使拇指以外的四指分开，手背稍微弓起，拇指跷起，与食指的根部相贴，形成一个 V 形的夹角，再将球杆放在 V 形夹角内（见图 5-7-2）。需要注意的是，架杆手的掌根、小指、食指以及拇指处大鱼际部位要充分地贴住台面，切勿使架杆向左侧或右侧翻起，以确保架杆的稳定。

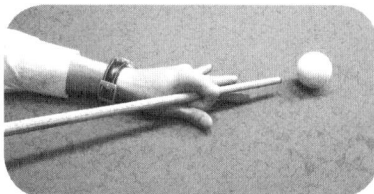

图 5-7-2

②凤眼式架杆：左手手指张开，指尖略向内弯曲，用拇指和食指扣成一个指环，并与球杆成直角，使掌根和中指、无名指、小指构成稳定支撑。（见图 5-7-3）

图 5-7-3

V 形架杆法常用在斯诺克台球中，凤眼式架杆法多用在美式台球中。根据击打主球点的不同，架杆手背可以由平直、稍弓起和弓起去找击球点的下点、中点、上点。

（2）特殊架杆方法

台球比赛中，主球的位置是千变万化的，当主球靠近台面边缘以及主球后面有球时，都需要运用特殊的架杆方法。

①当主球靠近台面边缘时，架杆手需用四指压在台边上。（见图 5-7-4）

②当主球后有一其他球时，架杆手需要将四指立起来，避免球杆碰到球。（见图 5-7-5）

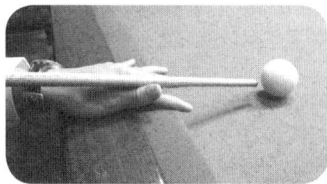

图 5-7-4

图 5-7-5

（3）杆架的使用

除了上述架杆方法外，当主球远离台边，用正常的击球姿势无法击打主球时，就必须使用杆架。（见图 5-7-6）

图 5-7-6

杆架运用的方法是身体适度前倾，手持球杆的尾部，拇指在下，食指、中指在上夹住球杆，无名指、小指自然弯曲，另一手将杆架置于适当位置，将杆架整体放在台面上，用手按住，以防运杆、出杆时杆架晃动。

杆架有长、中、短之分，一般杆架的十字铜头有两种架杆高度供选择；另外，还有几种高脚杆架，在遇到主球后有球阻挡时选用。

（4）架杆时应注意的几个问题

①架杆距离：一般架杆手的中指尖距主球 15 ～ 20 厘米，可根据主球在球台的距离远近和对出杆力量的不同要求做适当调整。

②杆的稳定性：在运杆时要注意架杆手不要随之微动。

③架杆的手臂位置：尽可能使肘关节贴在台面上并适当放松，注意不要耸肩。

④架杆手的着台部位：一般情况下掌根、拇指侧的大鱼际肌、小指和小鱼际肌紧贴台面。食指是手桥的着力点。

2. 运杆

在出击主球前，台球选手都会有一个运杆的过程，我们可以把这个过程分解为三个部分：运杆、后摆和暂停。

（1）运杆：在确定击打主球的部位后，便开始做运杆动作。运杆时，要求身体保持稳定，持杆手的手臂进行前后运杆，运杆时应尽可能使球杆平直运摆。运杆的目的是保证击球的准确性，运杆的次数不宜太多，但运杆的节奏要均匀。

（2）后摆：后摆的幅度大小取决于所需要的击球力量，在肌肉用力相同时，后摆幅度大，球杆击球力量也要大，后摆动作要做到"稳"和"慢"，以保证出杆的平直。

（3）暂停：暂停是在出杆前的一个短暂的停顿，以此保证平稳出杆。

（4）运杆常见错误以及纠正方法如下：

①球杆前后运动不自然。

【纠正方法】调整握杆手和身体的距离；注意手臂不要太紧张。

②球杆前后运动不能保持水平。

【纠正方法】调整身体姿势，尽可能使上身下俯；降低握杆手。

正确的握杆、身体姿势、架杆和运杆是进行有效击球的重要准备工作，出杆触击球是台球击球动作结构中最重要的环节，决定最终击球的效果。

出杆击球是在后摆停顿后所完成的动作。以肘关节为轴，前臂向前送出，触击球瞬间，根据击球的要求，注意控制手腕的力量，避免由于过分抖动手腕造成击球的不准确。出杆时，肩部和身体不要用力，即便是打一个轻缓的球，出杆动作也要果断、清晰。（见图 5-7-7）

图 5-7-7

出杆击球常见错误及纠正方法如下：

（1）出杆时动作分解、不连贯，导致动作发紧，出杆不直。

【纠正方法】多做持杆、运杆、出杆动作练习，养成自然出杆的习惯。

（2）出杆击球时，没有跟进动作。

【纠正方法】握杆手的部位可能过于靠前，无法在击球后进一步出杆，可以使握杆手稍向后握一些。

（3）出杆击球时，杆头向内侧偏。

【纠正方法】

①将瞄击点向主球内侧稍微移动些，后手稍向外一些。千万不要只动杆头，而不调整握杆手。

②在主球左侧后面摆放一个球，看出杆后球杆是否碰到此球。

（4）出杆击球时，杆头向外侧偏。

【纠正方法】

①调整球杆位置，确保其和主球中心击点及延长线保持在一条直线上。

②拉杆时后手不要有向后外侧拉的动作。

③在主球后右侧摆一个球，检查击球时出杆直不直；也可以在球杆垂直下方的台面画一条直线，出杆后停下球杆不动，看看杆头和杆是不是保持在这一条直线的垂直上方。

（5）出杆击球时，杆头向上挑。

【纠正方法】

①握杆手提得太高，应尽量降低握杆手。

②尽可能使上身稍下俯。

③出杆时不要做勾手腕的动作。

3. 随势跟进

击球后的球杆跟进动作是为了保证击球的力量充分作用在主球上和击球动作的协调连贯。适当的跟进动作对击球动作的完成起着重要的作用，如果跟进太多，杆头出得太长，会使肩、肘下沉，破坏击球动作的正确性，影响击球质量；如果跟进太少，则会使击球动作发紧，力量不能有效作用于主球，也不能保持好出杆击球的稳定性。

（四）台球的基本杆法

用球杆撞击主球时，撞击点的位置不同，主球的滚动形式、力量、旋转和速度都会不同，在用杆击主球时，要熟练掌握主球上的 9 个撞击点及其撞击结果。

A——中心撞击点（直球）。

B——上方撞击点（前旋球）。

C——下方撞击点（后旋球）。

D——左侧撞击点（左旋球）。

E——右侧撞击点（右旋球）。

F——左上撞击点（左上旋球）。

G——右上撞击点（右上旋球）。

H——左下撞击点（左下旋球）。

I——右下撞击点（右下旋球）。

在上述 9 个撞击点中，中心撞击点是最基本的撞击位置，如果能准确、熟练地进行中心撞击，就能逐步掌握其他位置的撞击方法。不论撞击哪个位置，都要牢牢地掌握撞击的三要素：撞击的角度、撞击的位置和撞击的力度。

台球运动中，杆法的运用十分丰富，基本的杆法运用有如下几种：

1. 推进球技术

【技术动作】做好击球准备，后手握杆保持球杆水平，击主球的中心点（中杆），力量不可过大、过猛。（见图 5-7-8）

【技术效果】主球撞击目标后，目标球向预定的方向前进，主球也随之徐缓地向前方行进一小段距离后停下，使之到达下一个目标球较理想的位置。

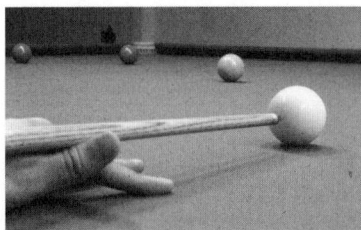

图 5-7-8

2. 跟进球技术

【技术动作】握杆手保持球杆水平；用球杆击打主球的中上点（高杆）。出杆的力量根据主球走位距离的长短而定。（见图 5-7-9）

【技术效果】当主球以上旋的形式撞击目标球后，目标球向前行进，主球由于自身的上旋继续随之向前并停在某一位置上。主球跟进的距离比主球推进距离明显要长，以获得一个较长距离的主球走位位置。

图 5-7-9

3. 定位球技术

【技术动作】做好击球准备，球杆保持水平，击主球的中心点（中杆），出杆时要迅速有力、干净利落。

【技术效果】中杆击主球，撞击目标球后，目标球向前滚动，主球停在目标球原来的位置上。

4. 缩杆球技术

【技术动作】做好击球准备，架杆手尽量放得低平一些，球杆保持水平，击主球的中下点（低杆）。出杆时，要果断迅速，动作连贯协调。（见图 5-7-10）

图 5-7-10

【技术效果】当用低杆击打主球时，主球便会急速下旋，当与目标球相撞时，目标球向前滚动，主球则借助其旋转向后滚动。在同一力度下，由于主球和目标球的距离不同，缩杆的效果也会有所不同。距离越近，缩杆距离越远。

5. 侧旋球技术

【技术动作】侧旋球就是球杆撞击主球的左侧或右侧使主球旋转并向前。如果要使击出的主球直线前进，则必须保持出杆时球杆前后基本呈水平状态。如果后手握杆较高，则主球前进的路线呈弧线状，并随后手抬高的程度使前进线路的弧度相应增加。

【技术效果】侧旋球有左侧旋、右侧旋之分，撞击主球的左侧形成顺旋；撞击主球的右侧形成逆旋。顺旋球在碰岸后向左侧运动，逆旋球碰岸后向右侧运动。

另外，侧旋球不仅是主球自身产生的效果，它还会将它的旋转效果传递给被它撞击的目标球，引起目标球的反向旋转。

第六章

游泳运动

第一节　游泳概述

现代游泳运动起源于英国。1828年，英国在利物浦乔治码头建造了世界上第一个室内游泳池，这种泳池到19世纪30年代在英国各大城市相继出现。

1837年，第一个游泳组织在英国伦敦成立，同时举办了英国最早的游泳比赛。1869年1月，大城市游泳俱乐部联合会（现英国业余游泳协会前身）在伦敦成立，并把游泳作为一个专门的运动项目正式固定下来。游泳运动随之传入各英属殖民地，继而传遍了全世界。随着游泳运动的发展，游泳被分为实用游泳和竞技游泳两大类。实用游泳又分为侧泳、潜泳、反蛙泳、踩水、救护、武装泅渡；竞技游泳分为蛙泳、仰泳、蝶泳、自由泳。

1896年，在第1届雅典奥运会上，男子游泳被列为9个比赛项目之一（包括100米、500米和1 200米自由式等）。国际游泳联合会于1908年成立，并审定了当时的世界纪录，制定了国际游泳规则。在1912年的第5届奥运会上，女子游泳比赛项目正式设立。第二次世界大战后，游泳在全世界飞速发展。现在，游泳已成为奥运会上最令人瞩目的大项之一。

第二节　蛙　泳

蛙泳相对于其他竞技游泳姿势来说速度较慢，但动作平稳，容易掌握，呼吸便利，适于长距离游泳；便于观察和掌握方向，实用价值较大，是救护、潜泳和泅渡江河湖泊的常用姿势。

一、蛙泳技术

（一）身体姿势

游蛙泳时，身体姿势不是固定不变的，而是随着臂、腿及呼吸动作的周期性变化而不断变化。当蹬腿结束后，两臂并拢前伸。两腿向后蹬直并拢时，身体处于较好的流线型滑行状态，身体较平，头略抬起，水浸于前额处，胸部一部分、腹部和大小腿处在水平姿势。这时身体纵轴与水平面成 5° ～ 10° 角。

（二）腿部动作

蛙泳的腿部动作可分为收腿、翻脚、蹬夹腿和滑行。这四个动作紧密相连。

1. 收腿

开始收腿时，两腿随着吸气的动作自然向下，同时两膝开始弯曲并自然分开，小腿向前回收。回收时，两脚放松，脚踵向臀部靠拢，边收边分。收腿时力量要小，两脚和小腿回收时，要收在大腿的投影截面内。收腿结束时，大腿与躯干成 130° ～ 140° 角，两膝内侧与髋关节同宽，为翻脚和蹬夹腿做准备。

2. 翻脚

收脚将结束时，脚仍向臀部靠近。这时大腿内旋，膝关节稍内收，同时两脚向外侧翻开，勾脚尖，使脚和小腿内侧对向蹬水方向，使腿在蹬夹时有一个良好的对水面。

3. 蹬夹腿

翻脚后，立即以腰腹和大腿同时发力向后蹬水。先伸髋，再伸膝，以大腿、小腿内侧和脚掌向后做急速而有力的蹬夹动作。在蹬夹腿过程中，当两腿并拢时略向下压，以形成前后鞭打动作。该动作是推动身体前进的重要动力来源。

4. 滑行

蹬腿结束后，腿处于较低的位置，脚距离水面为 30 ～ 40 厘米。此时，两腿迅速并拢伸直，身体适度紧张，呈流线型，做短暂滑行，准备开始下一个腿部动作周期。

（三）臂部动作

蛙泳的臂部动作可分为抓水、划水、收手和向前伸臂，这四个动作紧密相连。

1. 抓水

从两臂前伸并拢、掌心向下的滑行开始，前臂、上臂立即内旋，掌心转向外斜下方，略屈腕，两手分开向侧斜下压水至两手间距离约为两倍肩宽，手掌和前臂感到有压力便开始划水。此阶段动作速度较慢。

2. 划水

当两手做好抓水动作，两臂分至 40°～45° 夹角时，手腕开始逐渐弯曲。这时两臂、两手逐渐积极地向侧下后方屈臂划水。划水时，肘的最大曲角为 90° 左右，划水应用力，使上体上升到较高位置，为下一阶段收手、向前伸臂做好充分准备。

3. 收手

收手是划水阶段的继续。收手过程能产生较大的前进作用和升力。收手过程手臂向里、向上收到头前下方。这时，前臂与肘几乎同时做动作。收手时不应降低划水速度，而应以更快速度积极完成。收手结束时，肘关节低于手，前臂和上臂成锐角。

4. 向前伸臂

伸臂动作是由伸直肘关节、肩关节来完成的，掌心由朝上逐渐转向下，手指朝前；同时迅速低头，将头夹于两臂之间。动作完成时，两臂伸直并拢，充分伸肩，掌心向下，呈良好的流线型向前滑行。

（四）蛙泳的完整配合技术

现代蛙泳完整配合技术多采用一个动作周期呼吸一次的"晚吸气"配合。在抓水过程中，随着头、肩的上升，嘴露出水面将气吐尽，两腿保持稍紧张的伸直姿势；当划水结束时，头、肩向前上方升至最高位置时快速吸气，同时两膝开始弯曲；当收手并开始前伸臂时迅速低头闭气，迅速收腿；滑行时在水中呼气。整个动作要协调连贯，使游速更加均匀。

现代蛙泳的技术特点是头部起伏大且位置较高，高肘划水，蹬腿技术也随之变窄、变快，划水幅度小而快，整个动作频率快。

二、蛙泳的练习方法

（一）腿的练习

1. 收腿

边收边分，大腿带动小腿屈膝前收。收腿结束时，两膝接近髋下，约与肩同宽。

2. 翻脚

翻脚时膝关节稍内扣，勾脚尖，膝关节和踝关节向外转动，使脚内侧和小腿内侧向后对准蹬水方向。

3. 蹬夹腿

大腿用力向后做弧形蹬夹腿。蹬夹动作不要分开。（见图 6-2-1）

图 6-2-1

4. 仰坐练习

模仿腿的动作，按收腿、翻脚、蹬夹腿的要领练习。练习时上体要保持不动。（见图 6-2-2）

图 6-2-2

5. 水中腿练习

收腿要慢，蹬夹腿要快而有力，两腿并拢后向前滑行（也可扶池壁、游泳浮板进行练习）。（见图 6-2-3）

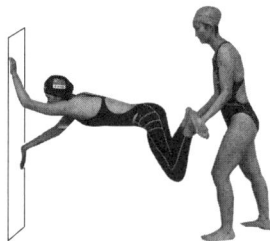

图 6-2-3

6. 滑行蹬腿

低头伸臂平卧于水中，细心体会蹬腿要领。

（二）臂和呼吸的练习

1. 划臂练习

两臂伸直，向斜后方边划边屈臂。当臂划至肩的侧下方时，收手夹肘向前伸。（见图 6-2-4）

图 6-2-4

2. 臂和呼吸配合

（1）抬头划臂张嘴吸：先抬头，两臂同时向斜后方划水时吸气。抬头不要太高、太猛。

（2）用力划臂吸足气：提肘屈臂向后加速划水时，迅速吸气。

（3）收手夹肘闭住气：臂划至肩的侧下方时，收手夹肘将手收至颌下，脸逐渐浸入水中闭气。

（4）两臂前伸慢呼气：臂前伸时，两手自然并拢，掌心转向下方并呼气。

3. 臂腿配合练习

为了掌握臂腿动作要领，可先做闭气、划臂、蹬腿的配合练习，熟练后逐渐过渡到划臂、蹬腿数次，呼吸一次，然后到完整配合。

第三节　爬　泳

爬泳是身体俯卧于水中，依靠两臂轮换划水而前进的泳姿。因其动作很像爬行，所以称为爬泳。爬泳是速度最快的一种游泳姿势，在自由泳项目比赛中多采用，故又被称为自由泳。爬泳在防洪抢险、横渡急流、抢救溺水者时能发挥积极作用。

一、爬泳技术

（一）身体姿势

游爬泳时身体要保持几乎水平的俯卧姿势，躯干肌肉适当紧张，呈较好的流线型，身体纵轴与水平面成 3°～5° 角。头部应自然地向颈后屈，两眼注视前下方，头的 1/3 露出水面，水平面接近发际。为了争取动作效果，允许双腿暂下沉。游进中，身体可以围绕身体纵轴有节奏地转动，这种转动一般在 35°～45° 角范围内。

（二）腿部动作

爬泳打腿主要是起维持身体平衡的作用，使下肢抬高，保持身体较好的流线型，以及协调配合两臂用力的划水动作，并能提供一定的推动力。

打水动作：脚掌伸直并略内转，踝关节自然放松，以髋为支点，动作从髋关节开始，大腿发力稍内旋，带动小腿，力量通过大腿、膝、小腿，最后到足部形成上下鞭打状打水动作，两腿分开的距离为 30～40 厘米，向上打水膝关节弯曲成 140°～160° 角，向下打水结束时，脚离水面 30～35 厘米。

（三）臂部动作

臂划水是爬泳推动身体前进的主要动力。臂的一个划水周期可分为入水、抱水、划水、出水、空中移臂五个部分。

1. 入水

臂入水时，肘关节略屈并高于手，手指并拢伸直，向斜下方切插入水，或掌心转向外侧切入水中，使手掌与水面成 30°～40° 角。动作要自然放松，臂入水时在身体中线与延长线中间。臂的入水顺序为：手—前臂—肘—上臂。

2. 抱水

臂入水后，手腕自然伸直，掌心转向下，积极插向前下方至有利于抱水位置，此时前臂和上臂应积极外旋。当手臂接近完全伸直，手臂与水平面成 15°～20° 角时，手腕向下弯曲，同时开始屈肘，使肘高于手。上臂划至与水平面成 30° 角时，手和前臂已经接近垂直水平面，肘关节屈至 150° 左右，手和前臂以较大的横截面积对准划水面，整个手臂像抱着一个大圆球。

3. 划水

划水是指手臂在前，与水平面成 40° 角时起，向后划至与水平面成 150°～200° 角为止的动作过程，是产生推进力的主要阶段。这个阶段又分为两个部分，从整个臂部划至肩下方与水面垂直之前称为拉水，过垂直面后称为推水。

拉水是从直臂到屈臂的过程。抱水结束时，屈肘为 150° 左右。拉水时，前臂的速度快于上臂，继续屈肘。当臂划至肩下方时，手在体下靠近身体中线，屈肘为 90°～120° 角。整个推力过程应保持高肘姿势，使手和前臂能更好地向后划水。

推水是手臂屈与伸的过程，推水中肘关节向上、向体侧靠近。手在拉水结束后即从肩下中线处向后侧划动至大腿旁。推水时，手掌应始终与水平面保持垂直，这有利于推水时产生反作用力而向前推进。

整个划水动作过程，手的轨迹始于肩前，继之到腋下，最后到大腿旁，呈 S 形。

4. 出水

在划水结束后，臂由于惯性动作而很快地靠近水面。出水时，手臂放松，微屈肘，肘部向上方提起带动前臂出水面，掌心转向上方。手臂出水动作必须迅速、柔和、放松而不停顿。

5. 空中移臂

臂在空中前移的动作是手臂出水的继续。移臂开始时，手掌几乎完全向后提肘向上，手腕放松，手落后于肘关节。当手前摆过肩时，应与肘成一直线。这时手和前臂逐渐向前伸出，掌心也从后上方转向前下方，接着做准备入水的动作。

二、爬泳的练习方法

（一）腿的练习（见图6-3-1）

1. 扶池槽打水

手扶池槽，大腿带动小腿交替向后下方打水，向上提时放松，向下打水要用力，可结合呼吸练习。

2. 滑行打水

向上提腿时膝关节稍屈，向下打水时脚面绷直，脚尖稍向内转，打水幅度为30～40厘米。

图6-3-1

（二）臂和呼吸的练习（见图6-3-2）

1. 划臂呼气

以左臂为例，左臂在肩前插入水后，逐渐屈臂向后划水，同时呼气。划臂不要超过身体中线。

2. 推水吸气

左臂向后推水时转头吸气，提肘出水的同时完成吸气动作。抬头不要太高、太猛。

3. 移臂闭气

左臂从体侧向前移臂时，头逐渐转入水中闭气。

图 6-3-2

（三）单臂划水的练习（见图 6-3-3）

两腿连续打水，一臂前伸一臂划。两臂交替进行，逐渐过渡到连贯动作。

图 6-3-3

第七章

民间传统体育

第一节　舞　龙

一、舞龙运动概述

（一）起源与发展

中国人认为龙象征着水，水蜿蜒曲折，所以，龙也蜿蜒曲折。"龙合而成体，散而成章，乘乎云气，而合乎阴阳。"久旱之年，人们自然想到了"龙"的威力和神圣，于是借助于"龙"的祭祀活动就成了祈求雨水的主要形式。

在殷商的甲骨文卜辞中便有向龙卜雨的记载，而且求雨的祭祀舞蹈也很普遍。按古人的认识，龙总是与风雨同在，龙的出现，必然伴有风雨的迎送，这便是求雨离不开龙的根据。舞龙在求雨的祭祀活动中占有很重要的地位，并且逐渐演变得更细、更具体了。

从汉代用"土龙"祈雨，逐渐演变为扎制龙形而舞，便有了舞龙的产生。随着社会的发展和人类文明的进步，舞龙这种形式也逐步从祭祀活动中走出来，并且种类更加多样化，制作工艺更加精细。从舞龙活动的时间来看，不仅在白天，而且夜晚也有舞龙活动，于是产生了在龙身安置灯火以照明，从而有了龙灯的产生。这样原本为祈雨的龙舞，经过多年的发展，演变成了为消灾免难、求得吉祥平安以及娱乐而进行的表演活动。这一点可以从《汉书》《西京赋》和《平乐观赋》等文献记载中看出。这一时期的舞龙，其娱乐和观赏的功能大大地加强，且越来越受到人们的喜爱。

进入唐代，舞龙活动也进入了鼎盛时期。这一时期的舞龙，已经基本摆脱了原始祭祀的宗教活动，而与民间传统节日的庆典活动密切地结合起来，成为中华民族节日文化的重要组成部分。例如，元宵佳节的灯会，舞龙是必不可少的，在当时的元宵佳节，舞龙形式多样、制作精美、色彩鲜艳，其场面和规模都是十分壮观的。

两千多年来，舞龙运动一直是民间百姓的重要娱乐活动。1995 年 2 月，国家体育运动委员会（现国家体育总局）将舞龙列为全国正式比赛（四类）项目，并批准成立了"中国龙狮运动协会"，制定并出版了《中国舞龙竞赛规则》，创编了中国舞龙运动竞赛规定套路，使舞龙运动进一步规范化。近几年来，在国家体育总局的领导下，通过挖掘整理和试办各种舞龙比赛，传统的民间舞龙发展成为集技巧、艺术等为一体，寓身体锻炼于精彩表演之中的群众体育活动。同时它也成为当前我国推行全民健身计划、增强人民群众身心健康、推动农村体育运动开展的重要大众体育项目之一。

（二）特点与功能

1. 特点

（1）鲜明的民族特色

"龙"是中华民族的象征，舞龙是中华民族的传统文化活动。舞龙的习俗，是继承殷周"祭天"的遗风。我国各民族都有舞龙的习俗。古时候，舞龙是一年中大型节日的节目之一，舞龙之日，以旌旗、锣鼓、号角为前导，数名精壮汉子借助龙具共同完成龙的游、盘、翻、腾、穿、缠、戏等技巧动作，以祈求"风调雨顺，国泰民安"。"舞龙"最初是一种祭祀活动，而非娱乐，成为庆祝娱乐活动是汉唐以后的事。随着华人移民到世界各地，现在的舞龙文化，已经遍及东南亚、欧美、澳大利亚、新西兰等各个华人集中的地区，成为中华文化的一个标志。

（2）强调集体配合

舞龙运动是一个集体项目，整个舞龙的过程中，队员在"龙珠"的带领下，由 5 人、9 人或多人借助龙具共同完成龙的游、盘、翻、腾、穿、缠、戏等技术动作。舞龙运动注重训练队员之间的协调配合，这是完成舞龙技术动作的基础。

（3）鼓乐伴奏

锣鼓、号角、唢呐、大钹均是舞龙的传统伴奏乐器，舞龙者按鼓点的节奏完成成套技术动作。

（4）种类繁多、形式多样

舞龙的主要道具是龙。龙用草、竹、布等扎制而成，龙的节数以单数为吉利，多见五节、九节、十一节、十三节，多者可达二十九节。综观各地、各族人民的舞龙表演，其种类繁多，各具特色，常见的有火龙、草龙、人龙、布龙、纸龙、花龙、筐龙、段龙、烛龙、醉龙、竹叶龙、荷花龙、板凳龙、扁担龙、滚地龙、七巧龙、大头龙、夜光龙、焰火龙、香火龙等近百种之多。

（5）与节日娱乐紧密相连

舞龙活动起源于祭祀活动，人们用舞龙来祈祷龙的保佑，以求得风调雨顺、五谷丰登。汉唐之后，舞龙逐渐演化为庆祝娱乐的活动，在喜庆日子里人们通过舞龙表达愉悦的心情和展示舞龙者的强壮体魄。

2. 功能

（1）发展、提高人的全面身体素质

经常从事舞龙运动的人，其肌肉的力量、速度、耐力和柔韧性等身体素质均能得到全面的发展和提高。经常参加舞龙运动，人体的心肺功能会得到改善。

（2）培养集体主义思想和团队合作精神

舞龙运动是数名舞龙者在龙珠的引导下，手持龙具，随鼓乐伴奏，通过人体运动和姿势的变化，完成龙的游、盘、穿、腾、跃、翻滚、戏、缠、组图造型等动作和套式，全体舞者必须密切配合、齐心协力，才能充分展示出龙的神韵。

舞龙运动要求舞者在训练和比赛中舞出龙的灵动、节奏、力量和柔美，因此能促进速度、力量、耐力、灵敏和柔韧等身体素质的全面发展。

（3）促进交流，增进友谊，建立良好的人际关系

通过舞龙运动的训练和比赛，舞者可以相互交流经验、切磋技艺，达到相互学习、共同提高、增进友谊、建立良好的人际关系的目的。

二、舞龙基本技术

（一）舞龙基本方法

1. 舞龙珠

【动作要领】持龙珠者，即为龙队指挥者，在鼓乐伴奏下，引导舞龙者完成龙的游、穿、腾、跃、翻、滚、戏、缠、组图造型等动作和套式，整个过程要生动、顺畅、协调。舞龙珠的目的有引导龙队出场，认清出场方向；了解比赛场地的大小，熟悉表演动作的方位，避免表演时出现方位不正或场地利用不充分。舞龙珠者必须熟悉本队套路中的各种队形的变化以及具备必要的场上应变能力；舞龙时要求舞龙珠者双眼随时注视龙珠，并环视整队及周边环境的情况变化，与龙头保持协调配合，并与龙头保持1米左右的距离；同时，龙珠还应不停地旋转。

【易犯错误】龙把的下端露出，易刮伤别人；握把过紧，造成舞龙动作僵硬。

【纠正方法】满把握，上手活。

2. 舞龙头

【动作要领】持龙头者身材必须高大魁梧、有力。舞动时，保持龙头动作紧随龙珠移

动，龙嘴与龙珠相距 1 米左右，似吞吐之势，注意协调配合，应时刻注意龙头不停地摆动，以展现出龙的生机活力、威武环视之势。舞龙头的目的是在龙珠引导下，紧随其后移动，从而带动龙身的摆动；龙头左右摆动时，一定要以嘴领先，显示出追珠之势。舞龙头的要求是龙头替换时，不能影响动作的发挥；因龙头体积较大，在左右摆动时不得碰擦龙身或舞龙者；与龙珠保持 1 米左右的距离。

【易犯错误】持龙头左右摆动时，左手不能拧转使龙以嘴领先摆动，未能展现出龙的生机活力。

【纠正方法】左手拧转把，使龙头始终以嘴领先摆动，同时上手上下滑把，以显示龙的威武环视之势。

3. 舞龙身

【动作要领】舞龙身者，必须随时与前后保持一定的距离，眼观四方，紧跟前者，走定位。空中换手时尽量将龙身抬高，甚至可跳起；舞低时，尽量放低，但千万不可将龙身触地；在高低左右舞动中，龙翻腾之势即展现其中；还必须随时保持龙身蠕动，造成生龙活虎之势。在跳与穿的动作中，应特别注意柄的握法，柄下端不可多出，以免刮伤别人。龙身在左右舞动时，运动轨迹要圆润、顺畅；龙身不可触地、脱节；龙体不可出现不合理的打结。

【易犯错误】夹把，即上下手把位在体前形成交叉，导致龙身运动轨迹不能流畅圆顺；抢把，即后把舞动提前，导致龙身折曲；滞把，即后把舞动滞后，龙身被前把拖拽，导致龙身僵直。

【纠正方法】肩放松，向左扣右肩，向右抬左肘；顺势加力舞，眼观龙身圆顺。

4. 舞龙尾

【动作要领】持龙尾者，需身材轻巧、速度快。龙尾也是主要部位，因为龙尾时常有翻身的动作，在舞动时龙尾翻尾要轻巧生动、不拖泥带水，否则容易使龙尾触地，造成器材的损坏，而且会让人感到呆板。龙尾有时成为带头者，因为有些动作必须龙尾引首；龙尾亦是整条龙舞动弧度大小的控制者，持龙尾在穿和跳的动作中，更应注意尾部勿被碰撞或碰撞别人，最重要的是随时保持龙身的摆动。舞龙尾的目的是随着龙身的带动时刻摆动，体现出龙的轻巧生动。龙尾舞动时，要求不能触地，龙尾在舞动过程中始终保持左右的舞动，并控制左右舞动弧度的大小。

【易犯错误】龙尾在舞动过程中不能左右舞动，未能体现出龙的轻巧生动。

【纠正方法】左手拧转龙把，右手适度松活，使龙尾时刻摆动，并控制左右舞动弧度的大小。

（二）舞龙基本动作

舞龙运动的技术动作主要划分为五大类：8 字舞龙类动作、游龙类动作、穿腾类动作、翻滚类动作、组图造型类动作。根据动作完成的难易程度又可划分为 A 级难度动作、B 级难度动作、C 级难度动作。

1. 8 字舞龙类动作

舞龙者将龙体在人体左右两侧交替做 8 字环绕的舞龙动作，包括原地 8 字舞龙（见图 7-1-1）和行进间 8 字舞龙（见图 7-1-2）。8 字舞龙动作可以结合伴奏锣鼓的节奏做快慢变化，也可以充分利用舞龙者的身体姿势变化，如单跪、靠背、跳步、抱腰、绕身等身体姿势做各种不同的 8 字舞龙。做 8 字舞龙动作时，经常容易出现舞龙动作不圆顺，队员速度不一致，龙体运动与人体不协调、不统一，造成人龙脱节、龙体触地、舞动速度太慢等错误。做 8 字舞龙时，龙体的运动轨迹要顺畅、圆润，人体的各种造型姿势要优美，快速舞龙要突出速度、力量和龙体运动轨迹流畅。

图 7-1-1

图 7-1-2

2. 游龙类动作

游龙是舞龙者在快速奔跑游走过程中，通过龙体运动的高低、左右、快慢的起伏，充分展现龙的婉转回旋、左右盘翻、屈伸绵延等动态特征（见图 7-1-3）。游龙动作主要包括直线行进、曲线行进、走圆场、起伏行进、行进中越障碍等动作。龙体在行进中应遵循圆、弧、曲线的运动规律，舞龙者应协调地随龙体起伏行进。

图 7-1-3

3. 穿腾类动作

穿腾包括穿越和腾越两种方式。龙体动作线路呈交叉形式，龙珠、龙头、龙身各节依次从龙身下穿过称为"穿越"（见图 7-1-4）；龙珠、龙头、龙身各节依次从龙身上越过称为"腾越"。穿腾动作主要包括穿龙尾、龙穿身、越龙尾、首尾穿龙肚、穿尾越龙身、腾身穿尾、龙脱衣、龙戏尾等动作。在做穿越和腾越动作时，龙形应保持饱满，穿腾动作流畅不停顿，速度均匀，轻松利索，不拖地，不碰踩龙身。

图 7-1-4

4. 滚翻类动作

当龙身运动到舞龙者脚下时，舞龙者利用滚翻、手翻等动作从龙身越过，称为"滚翻动作"（见图7-1-5）。做滚翻动作时，必须在不影响龙身运动的速度、幅度、美感的前提下，及时完成，而且所做滚翻动作应干净利索、规范准确，并保持龙身运动轨迹流畅圆顺，龙形饱满。

图7-1-5

5. 组图造型类动作

龙体在运动中组成活动的图案和相对静止的龙体造型。要求活动图案画面清晰，静止造型形象逼真，以形传神，以形传意，与龙珠配合协调，组图造型连接和解脱要紧凑、利索。主要内容包括龙门造型（见图7-1-6）、塔盘造型（见图7-1-7）、龙舟造型（见图7-1-8）、上肩高塔造型（见图7-1-9）、组字造型（见图7-1-10）、大横8字花慢行进（见图7-1-11）等。

图7-1-6   图7-1-7

图 7-1-8

图 7-1-9

图 7-1-10

图 7-1-11

第二节　舞　狮

一、舞狮概述

　　舞狮分南狮和北狮。南狮又名醒狮，以广东狮最有代表性。表演时，两人扮一狮，前面一人两脚着地，两手举着狮头，不时地做出摇摆颤抖的姿态；后面一人弯着腰、屈着背，藏于由一块红布、蓝布或黑布制成的长约 2 米的狮被内，随着狮头摆舞。南狮表演较注重形象，舞狮时的动作主要有上腿、站肩、坐头、上桩、桩上飞跃、连续飞舞、环回快走、壁虎功、翻滚、钢索和过桥等。其中，难度较大的动作有凌空横推进过三桩上单（双）腿、凌空推进接新转体 180°坐头、挂单桩悬挂接横跃钳双桩和钢索上 180°连续回头跳。

　　北狮相传是在 1500 年前从西域传到中原。北狮的狮身为全身覆盖型，扮狮的队员衣裤应为狮子的肢体（即狮子的前后腿），服饰要与狮子的颜色、狮毛一致，鞋为狮爪形面覆盖。舞狮时，由两人合作扮狮，一般为 4 人扮两头狮，另一人手持彩球，并配以京鼓、京钹、京锣等乐声。北狮的舞狮动作主要包括上肩、上腿、飞跃、回转、翻滚、倒立，接抛球，双狮配合造型，引狮员的翻、腾、滚、跃等动作。其中难度最大的动作有梅花桩上站肩，狮头、狮尾双单足，飞跃 3.5 米以上接上腿，狮上坛子、引狮员上狮身旋转 360°，高台、梅花桩上倒立和高台、梅花桩接抛球。

二、舞狮基本技术

（一）狮头的握法

（1）单阴手：单手握狮头，手背朝上，拇指托狮舌，其余四指握在狮舌上方。

（2）单阳手：动作与单阴手相反，手心朝上。

（3）双阴手：动作与单阴手相同，两手握于狮舌两侧头角处。

（4）双阳手：握法与双阴手相反，握的部位相同。

另外，根据表演狮子神态的需要还有开口式、闭口式等握法。

（二）狮尾的握法

1. 单手握法

舞狮尾者，一只手用拇指插入舞狮头者的腰带，其余 4 指轻抓腰带，另一只手做摆尾等动作。（见图 7-2-1）

图 7-2-1

2. 两手握法

两手拇指插入舞狮头者的腰带，做各种动作时应紧握。（见图 7-2-2）

图 7-2-2

（三）基本步法

（1）上步和退步：两脚平行站立，左（或右）脚向前进步，另一只脚跟上，即为上步，反之为退步。（见图7-2-3）

（2）侧步：包括左侧步和右侧步。两脚平行站立，左脚向左侧进一大步，另一只脚跟上，即为左侧步，反之为右侧步。（见图7-2-4）

（3）交叉步：分为左、右交叉步。移动方向的异侧脚向运动方向一侧跨出一大步（经两腿交叉），另一脚随即向运动方向一侧跨出一步成平行站立姿势。（见图7-2-5）

图7-2-3　　　　　　　　图7-2-4　　　　　　　　图7-2-5

（4）跳步：跳步没有具体严格的要求，可随着舞狮的方向任意跳跃，可单脚跳，也可双脚跳。

除以上方法外，还有单跳步、跨跳步、击步、碎步、并脚直立跳、双飞脚、打转身等。

（四）基本动作

（1）摇头摆尾：两人在原地，舞狮头者不断地将狮头东摆西摇，舞狮尾者随着狮头的摆动协调地进行摆尾。（见图7-2-6）

图7-2-6

（2）叩首：2人为一组，舞狮头者将狮头持于头上，用小碎步快速向前跑动，在跑动过程中将狮头举起，并不停地左右摇头和眨眼，舞狮尾者低头塌腰，两手搂住前者腰部，用小碎步或左右摆尾跟着前者行进运动，然后，用同样的碎步动作退回，两者配合做狮子叩拜动作。动作方向为先左后右，最后向中间叩拜，叩拜时下肢伴随做小跳步动作。

（3）翻滚：2人为1组，后面队员抓住前面队员腰的两侧，降低身体重心，屈腿半蹲，一脚用力蹬地，向一侧滚动，滚身时前者须将狮头举高。

（4）叠罗汉：舞狮尾者站马步，舞狮头者两脚站于舞狮尾者的膝盖上，舞狮尾者扶住舞狮头者的腰，使其平衡、稳定，舞狮头者持狮头做各种动作。

（5）引狮员基本动作：引狮员的动作分静态动作和动态动作，静态动作是指引狮员静态亮相的动作，如弓步亮相、高虚步亮相、马步亮相等。动态动作是指引狮员在运动过程中完成的动作，如行步、跳跃、翻腾等。

舞狮子的技术动作有很多，舞动时，可根据舞狮者的身体素质、能力素质、训练水平和表演条件，以及各地的传统习俗，有选择地进行组合而编排成套路。

第三节　龙　舟

一、龙舟概述

（一）起源与发展

龙舟是中国历史上最古老的运动项目之一，经过两千多年的发展演变，如今已经遍布世界各地，这对于纯粹源自中国的体育运动项目来说并不多见。与其他体育项目一样，龙舟运动也是来源于人类对自然环境的适应与征服，来源于人类的游戏、战斗、劳动及宗教祭祀。

2005 年，龙舟被列入第 4 届东亚运动会的正式比赛项目。同年，龙舟项目和亚洲龙舟联合会正式被亚洲奥林匹克理事会承认，龙舟成为 2010 年广州亚运会的正式比赛项目。2005 年中国大学生体育联合会赛艇与龙舟分会成立，并先后多次举办了中国天津国际大学生龙舟邀请赛、大学生全国龙舟锦标赛等重大赛事。2005 年教育部批准了 10 所高校作为龙舟高水平运动队试点校，为大学生龙舟运动的发展起到了巨大的推动作用。这些高校成为我国龙舟运动发展过程中的一股新生力量，龙舟运动水平不断提高，令世人瞩目。2007 年，龙舟运动正式成为国际奥委会单项体育联合会总会的正式成员，这意味着龙舟运动在国际上获得了更广泛的认同和支持，也真正标志着中国古老的龙舟运动走上了竞技体育的发展道路。

（二）特点与功能

1. 特点

龙舟运动传承至今，以其悠久的历史，广泛的群众基础，赛场大、参赛人数多、竞争激烈，运动量和强度可大可小，锻炼形式多种多样，不受年龄、性别限制等特点，成为增强人民体质的重要手段，也是学校体育的重要组成部分。

2. 功能

经常参与龙舟运动，能锻炼人体背部和颈肩后侧肌肉力量，缓解颈肩痛和矫正驼背现象，增强人体上下肢臂部肌肉力量，提高人体平衡能力；能使人体的心肺功能、代谢机能得到改善；同时，还可练就游泳技能。

（三）分类

龙舟运动经过两千多年的发展演变已成为一项风靡世界的竞技运动，有了完善的器材和竞赛规则。从竞赛的角度来划分，龙舟比赛可分为标准龙舟比赛和传统龙舟比赛两大类。

1. 标准龙舟

标准龙舟是当今国际、国内龙舟比赛所规定采用的形式，它对船只的长、宽、高及重量有严格的要求，并对划桨的长度和桨叶的长度、宽度、形状都有明确的规定，这些规定使竞赛中的器材标准得以统一。根据船只的大小，参加人数有 22 人制（20 名划手，鼓手、舵手各 1 名）、12 人制（10 名划手，鼓手、舵手各 1 名）、5 人制（5 名划手）等；参赛组别有公开组、男子组、女子组、混合组、成年组、青年组、少年组和老将组；参赛项目有直道竞速赛、环绕赛、超长距离拉力赛等。由于受船只、水域、季节、风向等多种客观因素影响，龙舟比赛不设世界纪录。

2. 传统龙舟

传统龙舟对船只和划桨的要求不多，其特点是船只和划桨均可自带。通常一条龙舟上的参赛人数为 40～80 人，鼓手在中间。传统龙舟比赛中秉承了许多传统习俗，且参赛人数众多，划起来气势恢宏，所以传统龙舟更具民族性和历史性，文化气息也更浓厚，颇具感染力。

二、龙舟基本技术

（一）鼓手技术

鼓手是龙舟上的灵魂人物，他在比赛中负责实施教练员的战术意图，指挥全队完成比赛。好的鼓手能很好地调动队友的积极性，鼓舞全队士气，增强取胜的自信心。

1. 敲鼓

鼓手在敲鼓的过程中可采用单手或双手击鼓的方式。鼓声也可以变换花样，为了使队员们在比赛划桨时整齐划一、节奏一致，通常的配合方式是鼓手敲，划手跟，桨入水的一瞬间恰好落在鼓的节奏上。

2. 鼓声节奏

鼓手击鼓的节奏与力度对划手的影响非常大，如果节奏没有变化、击鼓没有力量，划手容易产生厌倦，没有激情；反之，有力的击鼓和加快的节奏能有效地刺激划手，以此调动情绪，使划手们奋力划水，提高船速。

（二）舵手技术

好的舵手会给全队带来自信心，使队员没有后顾之忧，全身心地投入比赛。

1. 舵手的姿态

在龙舟比赛中我们常见的舵手姿态有坐姿、跪姿和站姿三种。

（1）坐姿

身体正对或侧对前方，坐在舵手位置，两脚置于左右舱；右手握住舵柄，左手扶住舵杆，使舵叶平行垂直水面，两眼注视前方。

（2）跪姿

身体对侧前方，左小腿横在龙舟尾部，以左膝关节和左脚掌顶住两侧船舷，右脚踏在船舱内，稳定支撑身体；右手握住舵柄，左手扶住舵杆，使舵叶平行垂直水面，两眼注视前方。

（3）站姿

两脚开立，右脚前左脚后，稳定支撑身体，左手握住舵杆顶部，使舵叶与水面垂直，两眼注视前方。

2. 舵手操作技术

（1）点式技术

舵手在船尾，右手握紧船柄，左手握住舵杆，将桨叶压于水面，且全神贯注，要非常敏锐地感觉到船体细微的变化，当船稍有偏航时，将舵入水后就快速提出水面，来修正船的方向。

（2）拨式技术

船身在行驶过程中偏向左侧，此时舵手右手握紧舵柄，左手握住舵杆，先内收舵柄后上抬，将舵叶压入水中后向外推出，以此来修正船的方向。

（3）拖式技术

船在行驶过程中，舵叶始终在水中控制方向。

（三）桨手技术

1. 握桨姿势

龙舟握桨方法根据划桨操作的位置而定，如果是在右舷划桨，那么桨手用左手握在手柄上，四指从外向内并拢，拇指从内向外包住桨把，而右手握在桨把的下端（桨叶与桨把的交界处），四指从外向内并拢，拇指从内向外包住桨把，划行时要自然放松，不能握得太紧，以免手心起泡破皮；左舷划桨与右舷相反。通常我们把握在上面的手叫"上手"或"推手"，握在下面桨柄处的手叫"下手"或"牵引手"，上手臂的肩叫"推肩"或"上肩"，下手臂的肩叫"牵引肩"或"下肩"。

2. 船上坐姿

右排坐姿：左脚在前，全脚掌踏实在母船板上；右脚在后，位于自己臀部下方，右脚脚跟稍起，大腿和臀部的外侧紧靠贴船舷的内沿。左排坐姿的技术要求与右排坐姿相反。

3. 划桨技术

（1）入水动作

【动作要领】入水是从桨叶尖端接触水面到桨叶全部浸入水中的阶段。入水是力量传递的重要部分。运动员在前一个恢复阶段有力摆动的基础上，再加速将桨叶靠近船体向前与船体平行地推出，使桨叶入水角度在 80° ～ 90°。这时，运动员的身体前倾，转动躯干，使背部朝向划桨一侧，两臂伸直，抬高推桨的肘部，使拉桨肩向前，推桨肩稍后移，肘弯曲，手在头的上方。

【易犯错误】握桨过死，前臂发僵，难以做出前伸动作。

【纠正方法】双手放松不要握得太死，下手拇指与食指紧握桨杆，其他手指放松，这样便于桨入水时前伸。上手正握桨柄，拇指顶住桨柄，这样便于提桨出水。

（2）拉桨动作

【动作要领】桨叶入水后，推桨手迅速前推并撑住，使桨叶抓住水，拉桨手的肩后移，利用抬体和转体的力量直臂向后拉桨。从入水后到拉桨，运动员应将身体重量压在桨上。拉桨时腰背用力，臀部肌肉紧张。拉桨手拉过臀部以后开始屈臂。拉桨手的手腕先向内转，同时肘部向外翻，到上体抬至接近垂直时拉桨结束。拉桨动作是由连续的同时向两个相反方向运动的动作所组成的，要尽可能长地保持用力的距离。

【易犯错误】拉桨时没有使用躯干的力量，拉桨过程中桨叶发飘、抓水，产生分力。

【纠正方法】动作不能脱节，拉桨时抓水要稳，水感要好，控制桨叶的角度与快慢的协调。

（3）出水动作

【动作要领】在拨桨时，紧接着拉桨动作，两臂继续向上提桨，迅速将桨叶从水中提出。起桨向前时，桨的下叶不能碰水面，以免产生阻力，也不能提得太高，否则会影响向前伸展手臂和入水时间以及配合划行的速度。

【易犯错误】易扬起水花，躯干与桨出水时动作不协调。

【纠正方法】拉桨与出桨动作要连贯，迅速、干净地提桨出水，桨出水时躯干前倾，全身肌肉处于放松状态。

（4）恢复（回桨）

【动作要领】从桨叶出水到下一次桨叶入水之间，桨叶不在水中划行，属回桨阶段。当桨叶达到坐位时，推桨手转动桨把并上提向前，拉桨手则在髋部附近和同侧髋部一起有力地前移。桨叶出水后，运动员上身挺直，开始转动上体，将桨继续向前上方推出。在恢复阶段，应强调肌肉的放松和呼吸，这是使划桨动作连贯、协调的重要阶段。在恢复阶段的最后，运动员全身肌肉再度紧张，屏住呼吸，准备下一次桨叶入水。

【易犯错误】回桨弧度太大，摆动不以桨叶边朝侧前方，增大阻力。

【纠正方法】回桨不要提得太高，或弧度太大，要将放松与发力摆在同等重要的位置上，增强柔韧、协调的练习。

（四）配合技术

龙舟运动是一项集体运动项目，没有好的配合，即使个人能力再强，也很难完成比赛，必须靠相互间默契的配合才能很好地完成比赛。

1. 完美的协调

完美的协调是指在一条船上的所有运动员，其个人体质、生物特性、技术和心理上的特点，可以互相弥补、互相取长补短而形成一个完美的整体。在生物特性方面，运动员对规定的运动量几乎有相同的反应，包括心率和恢复时间，这可以使教练员采用同一个训练计划而取得同样的提高。另一方面，一条船上的运动员最好能在不同的时间出现"极点"，这可以使运动员相互弥补，因同时出现"极点"会导致突然的减速。

完美的协调还包括运动员心理上的协调。运动员之间应相互了解、团结协作、相互信任、相互包容，有一个共同的长远目标，真正做到一条船一个中心，完美地合作，高度地团结，从而取得集体的胜利。

2. 快节奏的技术

龙舟技术首先要强调单人划船的规范技术。除了完美的协调，在划桨技术上要求更快的节奏。

龙舟的抓水动作要快，角度要小。特别是桨手要适应第一位桨手划桨后快速流动的水，桨手要更快地在流水中找到最大的支撑力，这种支撑力对桨叶产生反作用力以推动船体前进，这是龙舟技术中最重要而又最困难的点。由于水流速度快，拉桨时既要更快地用力，又要防止推桨臂过早地前移而造成力量转移。

3. 同步一致

龙舟比赛要求所有桨手从抓水到出水完全同步一致，就像一个人在划。但是每个桨手不能丢失个人的风格，不能为取得技术上的同步一致而降低个人的划桨效率。同步一致对左右舷前一号位至三号位的桨手提出了很高的要求，他们必须对鼓手的鼓点频率高度敏感，不能稍有落后。

4. 龙舟的桨位安排

教练员可以通过桨位比赛来选择运动员，但对运动员的搭配有基本的要求。

三、龙舟基本战术

（一）起航领先战术

领先战术是比赛中最常用的战术之一，这一战术的指导思想就是在比赛中利用领先后坚持下去的方法给对手施加心理压力。根据项目的不同，起航时间与全程平均时间的差异在 3～5 秒。采用领先战术要求运动员必须经过专门的训练，因为前 100～150 米要以几乎最大速度划行，且可能要坚持 30～50 秒。

（二）全程匀速战术

采用全程匀速战术的运动员划前半程的速度低于自己的出发速度，而划后半段的速度却高于整个赛程的平均速度。这一战术要求全队有较高的平均速度，对于平均分段来说，出发落差必然减少。

（三）负分段战术

负分段战术正像在其他运动项目，如跑步、游泳等运动项目中所使用的战术一样，就是划完各个分段所耗费的时间是递减的，即时间增量是负数，所以称负分段。其他项目所说的负分段在龙舟比赛中几乎是不可能的，因为舟艇要受到邻近舟艇的波浪影响。但是在一个确定良好的出发之后，负分段战术对最后 500 米来说是可能的。负分段战术适用于 1000 米和长距离比赛。

（四）分段变速战术

分段变速战术即在分段中通过控制自己的速度使其进行快慢变化，目的在于打乱对手的速度节奏，最大地消耗对手体力。这种战术通常出现在 1000 米的比赛中，它能破解对手的跟随划战术。

第四节　射　艺

一、射艺运动的起源与发展

弓箭是人类伟大的文明成果之一，产生于距今约五万年的旧石器时代晚期。世界上所有的民族都有自己的弓箭文化。弓箭文化是中国历史悠久、内容博大的一项传统文化，而射箭为中国弓箭文化的结晶，是弓箭文化最直接的体现，是构成中国国术的一个重要组成部分。据考古发现，早在约两万八千年前石箭镞就已经出现了。弓箭是冷兵器时代最具杀伤力的武器，是古代"君子六艺"的主要内容，留下了"后羿射日""李广射虎""一箭双雕"等传说和典故，并出现在"将军夜引弓""西北望，射天狼"等诗篇当中，还为后世留存了《射经》《武经射学正宗》等数十部射艺古籍。

《礼记》中的《内则》里记载："国君世子生，告于君，接以大牢，宰掌具。三日，……射人以桑弧蓬矢六。射天地四方，保受乃负之，……使食子。"其中《内则》中的"射天地"是为了沟通神界，求人世的平安；"射四方"则是想通过射箭的"巫力"实现对四方的控制，"御四方之乱"。尽管有些神幻色彩，但充分表现了射箭不仅是狩猎和战争的工具，而且是一种希冀社会和谐有序的精神象征，同时对于后世射礼文化的发展具有重要作用。周礼则将射艺的"神圣性"进一步演化为"道德性"，从而将射箭从祈神的仪式行为转为个人的德行修炼。周公制定礼乐制度，射礼趋于完善，一种典型的体育赛会登上中国历史的舞台。在西周、东周时期，上至大射礼，下至乡射礼，都有其教育意义，而在孔子等思想家眼中，射礼竞赛已经成为培育君子的良方。"礼"的社会制度，"德"的精神要求，勾画出了中华射艺的精神起源。

"礼"是从巫术、祭祀一步步发展而来的：祭祀中的仪式规范成为"礼"的礼仪规范，祭祀中的虔敬心理发展为"礼"的道德要求。"礼"作为涵盖政治、社会、道德等全方位的社会规范得以确立。周礼对于祭祀的超越在于世俗和神圣的融合，这种融合将精神上的道德要求灌输到制度性的人际礼仪中。当时的"乡饮酒礼""乡射礼"等社会活动明显带有通过"礼"的实施将道德要求通达于整个社会的教育功用。

由"礼"所规范、"德"所指引的射礼竞赛是中国古代最具积极意义的"争"。以射礼为代表的体育之争，不仅超越了负面意义上的"争"，而且创造出了在"德"的引导之下的"君子之争"。"以德引争"是将原始意义上争夺的概念，约束为规范有序的竞争，将竞争的对象从物质利益层面引导到精神道德层面。因为这"争"不是无序之争，孔子将

"射"纳入"六艺",成为教育贵族子弟的重要手段。在中国文化"崇礼尚德"的背景下,"以德引争"成为中华射艺特有的文化内涵。

二、射艺运动的基本技术

(一)上下弓弦(单人上弦)

单人上弦的方式通常有回头望月和怀中揽月两种,适用于玻片弓和层压弓。以下为回头望月的方式。

1. 区分上下,套弦入弭

将弓分出上下,通常弓柄(弝)上箭枕的位置为上;将弦分出上下。弓与弦的上下一一对应后,将弦上侧的弦耳(扣)套入弓上侧弓弭上的弦槽(弰)内。(见图 7-4-1)

图 7-4-1

2. 两脚开立,弓弭靠腿(右手为例,以下同)

两脚分开,将上侧套好弦的弓弭,放在左脚脚踝的位置处;将弓弭和弓臂连接处,靠在左小腿正面。弓弭不要接触地面,以免扭弭。(见图 7-4-2 ~ 图 7-4-4)

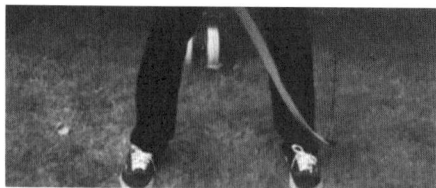
图 7-4-2

图 7-4-3

图 7-4-4

3. 左手持弦,右手握弓

左手捏住弦耳的根部,右手握住弓,握在弓弭与弓臂结合部。

（二）右腿跨弓，大腿抵弝

右腿跨过弓，用右腿大腿根部抵住弓柄中间，产生两个相反的力，形似回头望月。

（三）回头望月，套弦入弝

利用身体转体的力量，臀部向后，右肩前探，右手贴近身体将弓向前推。将弦耳套入弦槽内，确认另一侧弦耳仍在弦槽内，慢慢还原，抽出右腿。（见图7-4-5、图7-4-6）

图 7-4-5　　　　　　　　　　　　　　图 7-4-6

（四）检查上下，轻拉确认

检查上下弓弦的位置是否上好，轻微拉弓，检查确认。（见图7-4-7、图7-4-8）

图 7-4-7　　　　　　　　　　　　　　图 7-4-8

注：下弦的方式与上弦的方式相反。

三、搭箭正箬

搭箭是进入射箭基本技术动作之前的准备工作。有效地搭箭是射好一支箭的必备基础条件。从取出箭支开始，就要静心与专注，按照一套固定的流程来完成后续所有动作。（见图7-4-9～图7-4-11）

图 7-4-9

图 7-4-10

图 7-4-11

四、站姿脚位

站立是射手最基本的身体姿势。中华射艺讲求内志正、外体直。站立是正与直的基础，射箭时许多身体角度的变化同站立的姿势息息相关，也是射好一支箭的基础。基础改变了，会使身体姿势产生一系列的变化，影响最终的动作质量。国家射箭队前主教练徐开才在他所著的《射艺》一书中讲："由于射手体型和特点不同，在站姿上会有一些差别。对射手来说，在学习射箭的初始阶段，最重要的是要掌握一个准确和基本的平行站立姿势。"因此，初学者必须严整步位，树立根本。站姿脚位的训练目标是培养一个一致的、稳定的、坚固的身体姿势。

（一）两脚开立，与肩同宽

两脚自然开立，脚尖连线与脚跟连线相互平行，且垂直于靶面。脚外侧与肩的外侧同宽或略宽，重心落于两脚之间，达到立足而稳。（见图 7-4-12、图 7-4-13）

图 7-4-12

图 7-4-13

（二）身体中轴，保持正直

身体站直，挺拔如山，中轴线从此时开始，始终保持正直，切勿弯曲。为保证前、后用力均衡，身体重心必须平均落于两脚之间。

（三）两肩放松，平行地面

两肩放松下沉，平行于地面，两腿自然伸直，两膝稳固不动，重心前压，两眼平视前方，人体形成一个十字结构。

五、持弓之法

持弓是指前手的握弓或者推弓。持弓的主要目标是要保持每次手与弓接触面的一致性，且最大限度地做到放松。持弓手和臂的位置，关系到后续撒放时是否会打到臂。

（一）先找上下，虎口对枕

持弓时，前手虎口对准弓柄与箭枕的连接线。

（二）再寻左右，中心相对

持弓时，用虎口中心对准弓柄中心。持弓位置不能左右滑动，做到中心相对。（见图 7-4-14）

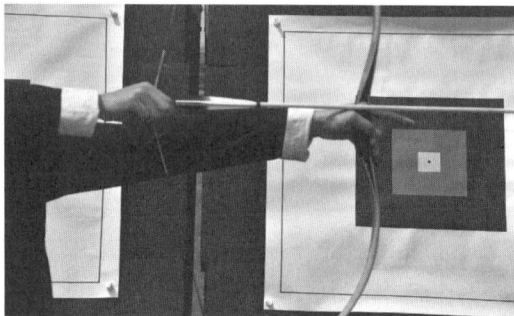

图 7-4-14

（三）前臂伸直，直线前推

持弓手的中部，主要是大鱼际接触弓柄。前臂肘关节不要弯曲。后续整个动作，前臂都是伸直的，便于形成骨骼支撑。

六、勾弦要义

拇指勾弦是中国传统射法的特点之一，也是古时较为主流的勾弦方式。其在射法应用上可以适应各种静态或移动的情形，尤其是在骑射时，不容易因晃动而掉箭。勾弦最主要的目标是每次勾弦位置一致，并做到充分的手指放松。（见图 7-4-15 ～图 7-4-17）

<table>
<tr>
<td></td>
<td></td>
<td></td>
</tr>
<tr>
<td align="center">图 7-4-15</td>
<td align="center">图 7-4-16</td>
<td align="center">图 7-4-17</td>
</tr>
</table>

（一）拇指勾弦，紧而不僵

勾弦手的拇指弯曲勾在弦上。拇指是主要受力点，勾弦时应做到指紧腕松，用力不僵。勾弦手勾得牢固，才能最大限度地达到放松状态。

（二）食指压大，形成凤眼

拇指勾弦后，食指第二指腹，压住拇指第一指关节位置（指甲跟部），形成凤眼状锁扣。此时食指的指尖应在弦的外侧，不参与勾弦，以防被弦划到。

（三）余指握拳，切勿碰弦

其余三指放松握拳，不要去扰弦和用力，以免撒放时产生分力。

七、头转体备

转头和身体准备是开弓前的重要准备动作，其动作质量的优劣会影响后续的其他动作。前手持弓，后手勾弦，头部自然转向靶面，身平体直，两肩自然下沉，呼吸均匀、两眼平视前方。身体姿态的准备是为后续用力做好充分的准备。（见图 7-4-18）

图 7-4-18

（一）头转身直，中轴不变

转头时，身体中轴保持正直，不可歪头、耸肩、扭腰、斜胯。

（二）上松下紧，预先对齐

身体后背平直，头部向上，胸部下沉。上体相对放松，尤其是两肩要放松。收紧腰腹和腿部，以保持髋关节朝向靶面，将身体与射箭面对齐。

（三）目随头转，调匀呼吸

转头时目光随头而动，勿斜视他物。转头后两眼专注于目标，心无杂念，调整呼吸。

八、举弓锁肩

举弓是前期所有准备环节的结束，举弓之后的引弓是将要开始用力的环节。举弓是一个承上启下的重要技术动作，首先要求保持前面所有的动作不能有变形，同时又要为后续的用力做好充足的准备。（见图 7-4-19、图 7-4-20）

图 7-4-19   图 7-4-20

（一）两臂缓举，两手齐眉

两臂匀速上抬，两手平行于地面，举弓高度要求两手与眉齐平。前臂与地面的夹角不超过 30°，后臂与地面的夹角大致是 45°。

（二）沉肩举臂，身正体直

举弓时，前臂手臂伸直，两肩放松下沉。保持身体中正位，身体中轴线不能弯曲。

（三）预拉锁肩，沉胸收腹

举弓后，进行预拉，将前肩下沉并趋近于射箭面，以固定住前肩。同时，不要挺胸，保持沉胸平背的情况下，略收腹为后续用力做好准备。

九、引弓入彀

引弓也叫开弓、引弦，是主要肌肉用力的第一个环节。引弓的用力主要是靠身体肩背部的力量，而不是手臂的力量。在开弓用力的过程中，持弓臂保持前撑，拉弦臂由肘带动向后牵引，将弓拉满。古人所称"入彀"，也就是将弓拉满的意思。力量产生的前提是需要学会放松。

（一）肩背开弓，前撑后拉

引弓的主要力量来自肩部三角肌和背部的斜方肌、背阔肌、冈下肌、小圆肌等肌肉，表现为两个肩胛骨向脊柱靠拢。前撑主要靠骨骼支撑，预拉时基本已经完成。后拉主要靠肌肉牵引。前撑力和后拉力各占 50%，身体中轴线保持不变。（见图 7-4-21）

（二）力足彀满，固定靠位

开弓要力雄而引满，足力开弓，平缓靠弦，一气呵成形成满弓状态。后手的靠位根据拉距不同而不同，但每次一定要固定一致。（见图 7-4-22）

图 7-4-21

图 7-4-22

（三）塌肩抬肘，三点一线

拉弓臂沉肩，后肘高于后肩。开弓后，从俯视角度看，推弓点、勾弦点、后肘中心点形成一条直线，构成射箭面。（见图 7-4-23）

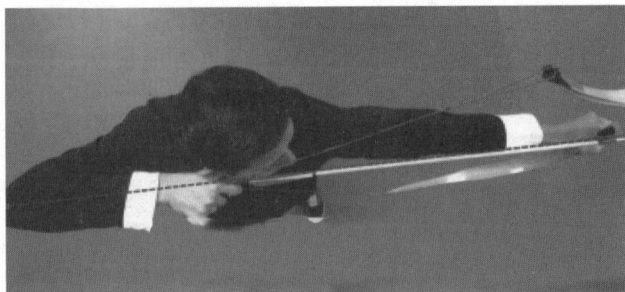

图 7-4-23

十、瞄准审固

靠弦的结束，是瞄准动作的开始。瞄准是射箭能否命中目标的关键技术。传统弓较之现代反曲弓，没有那么明确的瞄准点，需要射手经过长时间的训练来找到自己的瞄准点或者瞄准感觉。瞄准审固时，不单是在视觉上瞄准，技术动作上的稳定性和一致性更为重要。

（一）单眼瞄准，三点一线

靠位以后，两眼、弓臂上的某个参照瞄准点或箭头、靶子中心点，形成三点一线。单眼瞄准适合刚开始接触射箭时，容易找到瞄准点，但不适于后续的练习，射箭通常采用双眼瞄准。（见图 7-4-24）

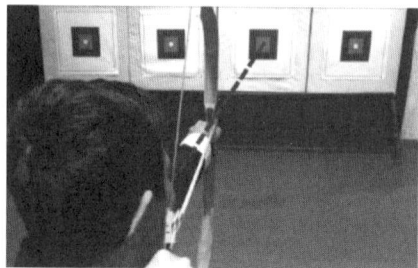

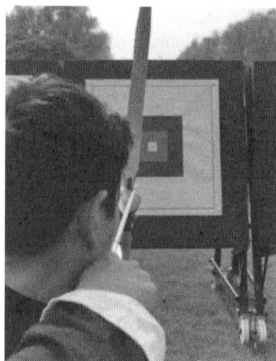

图 7-4-24

（二）双眼瞄准，靶实星虚

瞄准时，两眼都要睁开，聚焦到目标上。此时，用两眼的余光，可以看到两个虚的弓，透过两个虚的弓可以看到实的靶面。可以将两个虚的弓臂的中间某个位置选作瞄准点，对准靶心。通过多支箭的训练，可以逐步找到瞄准点。（见图 7-4-25）

图 7-4-25

（三）专注目标，控制节奏

找到瞄准点以后，不要瞄准点一到靶心就撒放。两眼盯住靶心，继续保持审固的状态，感受身体的用力扩张，通常稳定在 2 ～ 3 秒，再撒放。

十一、前撒后放

前手为撒，后手为放。撒放是整个射箭技术动作中的关键环节，是射手主动进行的身体对称用力的延续。在这一环节中，前期所有的技术环节都是在进行延续，只有勾弦手手指的屈指肌用力减少。

（一）前手指的，后手滑弦

前臂用力前推，指向靶子方向，手指自然放松；后手拇指、食指的屈指肌退让，放松，让弦从拇指处滑出，也称为滑弦撒放。前手和后手共同完成撒和放。撒放过程中前手、后手动作不分先后，也不分轻重，必须高度统一。

（二）惯性使然，后肘后移

由于引弓后身体的持续对称用力，撒放后，弓回弹的对抗力消失，惯性的作用会将身体向前后方向打开。前手由于是支撑力，幅度极小；后肘会以后肩为轴，发生后移。（见图 7-4-26）

（三）肘平臂紧，手藏颈后

撒放后，后肘与肩齐平，前后臂保持角度不变，以免外撒；后手顺势停于颈后，手指、手腕自然放松。（见图 7-4-27）

图 7-4-26   图 7-4-27

十二、动作暂留

动作暂留是撒放的延续动作。撒放后的动作暂留阶段，射手保持与瞄准时基本一致的状态，包括身体、心理、视觉、呼吸等方面。

（一）力不能停，势不能丢

撒放后，为保证箭的运动轨迹不受影响，需要保持撒放后的用力和姿势不变，目送箭至靶心。主要是指身体用力不能马上停顿，需要保持对称用力的平衡状态 1～2 秒。无论射箭的起始还是结束，必须保证在射每一支箭的过程中都保持身体处于正中位，不能有任何变化，特别是撒放动作之后。（见图 7-4-28）

图 7-4-28

（二）保持瞄准，面容不变

动作暂留阶段，两眼应始终盯着箭靶上的目标，跟瞄准时是一样的。保持面部的表情不变、眼神不变。呼吸的节奏也需要与之前保持一致。

（三）前手放松，指向不变

前手是唯一在发射过程中，还与弓有接触的点。因此，放松可以避免产生干扰的分力，而且最容易做到动作的重复一致。

十三、敛弓收势（平展两臂，藏弓静息）

动作暂留结束后，后手向后打开，两手于身体两侧打开放平后，向下画圆，从身体两侧还原至胸前持弓，调整呼吸，回归静息状态，准备下一支箭的发射。（见图 7-4-29、图 7-4-30）

图 7-4-29

图 7-4-30

张唯中所著的《弓箭学大纲》中指出，敛弓即收势，做好下一轮习射的准备。正如徐开才所说："每一支箭都必须从零开始，回归无为状态、准备状态、本源状态。"

第五节 毽 球

一、毽球概述

（一）起源与发展

毽球起源于我国古代的踢毽子运动。我国的踢毽子运动历史悠久，它是由古代蹴鞠运动演变而成的。踢毽子又称"花毽"，现在的毽球就是由"花毽"发展而来的。毽球是一项新兴的体育项目，国家体育运动委员会（现国家体育总局）于1984年批准将毽球列为全国正式比赛项目，并制定了《花毽竞赛规则》。中国毽球协会成立后，于1997年出版了《毽球竞赛规则裁判法》。

（二）特点与功能

1. 特点

（1）观赏性

毽球运动是一项竞技性强、十分吸引人的比赛项目。它以其熟练、准确、细腻的技巧，快速多变、激烈反复的对抗，吸引了众多的观众和运动者。因此，毽球运动具有较高的观赏性。

（2）群众性

毽球运动易于开展，活动场地可大可小，活动时间可长可短，男女老少均可参加，普及性很强。

2. 功能

（1）提高身体素质，增强体质

毽球运动的技法以踢、触为主，可用头、脚及身体其他部位去接球，但不能用手臂接球，其打法类似于排球。经常参加毽球运动，可以增强心脏功能、提高肺活量、锻炼神经系统、提高机体功能、改善代谢能力，使身体协调性、柔韧性得到全面锻炼，以达到增强体质的目的。

（2）培养团结协作的集体主义精神

毽球运动是集体比赛项目，不管是在进攻还是防守过程中，全体队员都要相互配合，齐心协力，各司其职，因此毽球运动能够培养运动者团结协作的集体主义精神和反应迅速、机智灵敏、勇敢顽强、积极果断等优良品质。

（3）增强心理素质

毽球运动的娱乐性、趣味性比较强，毽球运动能够调节运动者的心态，愉悦其身心，减轻其心理压力和精神焦虑，特别在增进人际关系方面效果明显。

（4）继承和发扬传统文化

毽球运动是我国独有的民族体育运动项目之一，它同武术一样，应该加以挖掘、整理、继承和发展。开展毽球运动，能够彰显我国民间体育的独有特色，增强民族自豪感，对继承与发扬我国民族文化有促进作用。

二、毽球基本技术

（一）准备姿势

准备姿势主要有两种形式：左右开立准备姿势和前后开立准备姿势。

1. 左右开立准备姿势

两脚左右开立，比肩略宽，两膝稍微弯曲内扣，后脚脚跟提起，着力点在脚掌内侧，身体重心前倾，两臂自然弯曲于体侧。（见图7-5-1）

2. 前后开立准备姿势

两脚前后自然开立，两脚相距一只脚的距离，膝关节稍屈，两脚跟提起，两臂自然弯曲于体侧。（见图7-5-2）

图 7-5-1　　　　　　　　图 7-5-2

（二）发球技术

发球技术可以分为正脚背发球、脚内侧发球、侧身脚背发球等。

1. 正脚背发球

向前方轻抛球，提收大腿，踝关节绷紧，弹踢小腿，利用脚背正面击球，把球发过球网。

正脚背发球

2. 脚内侧发球

向侧前方轻抛球，髋、膝关节外翻，屈膝向前摆动，踝关节绷紧，当球落至大约膝盖高度时用脚内侧将球击出。

脚内侧发球

3. 侧身脚背发球

向侧上方抛球，踢球腿提膝以大腿带动小腿，由后向前弹踢，侧身用脚背正面击球，把球发过球网。

侧身脚背发球

（三）踢球技术

1. 脚内侧踢球

以右脚踢球为例，左脚站立，右脚大腿带动小腿向前上方摆动，用脚内侧部位击球。

脚内侧踢球

2. 脚外侧踢球

以右脚踢球为例，左脚站立，右脚小腿内翻快速上抬，用脚外侧部位击球。

脚外侧踢球

3. 正脚背踢球

以右脚踢球为例，左脚站立，右脚主动插入球下，利用适度的伸膝和踝关节背屈的协调勾脚动作把球向上踢起。

胸部停球

4. 胸部停球

首先判断来球方向及落点，屈膝降低身体重心，击球瞬间伸膝挺胸，用胸部主动迎击球。

（四）攻球技术

1. 腾空前踏球

击球前，起跳腿蹬地起跳，摆动腿大腿带动小腿迅速上摆，击球瞬间前脚掌快速下压击球。

2. 头顶球

首先判断来球方向及落点，上体后倾，顶球时上体由后向前摆动，以腰腹和颈部的快速摆动力量用额头部位击球，把球攻入对方场区。

三、毽球基本战术

（一）进攻战术

毽球的进攻战术主要采用三种阵型，即："一二"阵型、"二一"阵型和"三三"阵型。（见图 7-5-3）

1. "一二"阵型

"一二"阵型配备就是 3 名上场队员中有 1 名是主攻手，2 名是二传队员。运用此阵型时，主攻手一般不参与接发球，2 名二传队员交替接发球和做二传。这种战术的进攻特点是分工明确、稳而不乱，尤其适用于有高大主攻手、擅长打中一二和两次进攻等高举高打的打法。

2. "二一"阵型

"二一"阵型配备就是上场的 3 名上场队员中，有 1 名主攻手、1 名助攻手和 1 名二传队员的组合。这种阵型配备，适用于有倒勾球、脚踏球攻击力较强的攻手各 1 名和 1 名传球水平较高的二传队员的队伍。

3. "三三"阵型

"三三"阵型就是 3 名上场队员中，任何一名队员既是攻球手又是二传队员。在"三三"阵型中，场上队员的接球站位一般呈倒三角形，任何一名队员在接到球后随时都可以组织两人以上同时参与进攻。这种阵型可以打出掩护交叉战术，也可以打出快攻、背溜、双快、掩护等较复杂多变的战术进攻球。

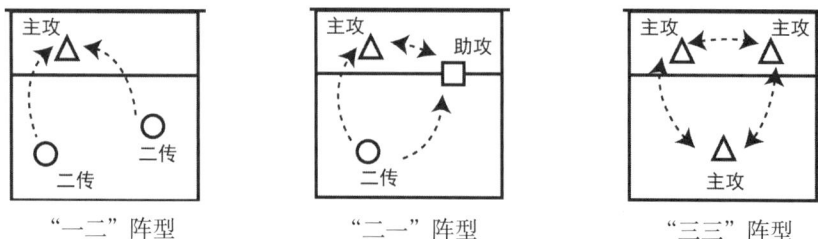

图 7-5-3

（二）防守战术

拦网战术是防守中的重要战术，是破坏对方进攻并组织反击的重要手段，在比赛中占有重要地位。应用拦网战术时，应根据对方进攻的不同特点决定本方的防守阵型。拦网一般分为单人拦网和双人拦网两种形式。（见图7-5-4）

1. 单人拦网

单人拦网又称"一拦二防"战术，即在3名防守队员中，1名队员在网前拦网，2名队员在其身后分区防守。这种战术在对方进攻威力不太大、变化不多时采用，在拦快球时也常常被迫运用。单人拦网时，拦网队员一定要判断准确，把握好起跳时机，用身体堵防攻球点，拦住攻手主要的、威胁大的进攻路线；其余2名防守队员可在其身后平行落位防守或一前一后防守。这种封线分防的特点是有两道防线，网上拦网封线路，网下中场防落点，拦防结合，有利于反击。

2. 双人拦网

双人拦网又称"二拦一防"战术或简称"二一"防守战术，即在场上3名队员中，有2名队员在网前拦网，1名队员在场区中后区防守。当对方进攻力量强大，有多条进攻线路时可采用双人拦网。这样不论对方在任何位置进攻，本方均有两人起跳拦网，防守队员应站在拦网队员身后中间位置，可靠前，也可靠后以加强保护与防守。这种"封线补防"的特点是网上强行拦网封堵线路，网下保护补空缺，拦防互补，上下配合；既可网上争先抑制对方进攻，又可网下补空，防住对方的进攻变化，变被动为主动。

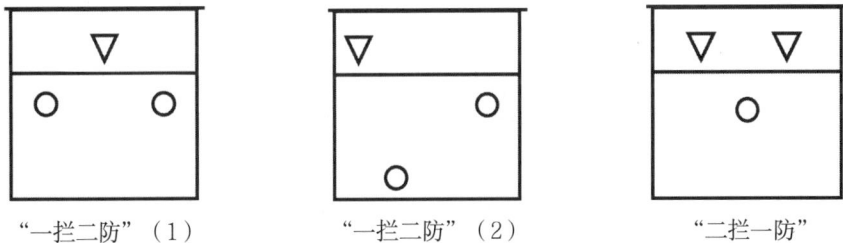

"一拦二防"（1）　　　　"一拦二防"（2）　　　　"二拦一防"

图7-5-4

3. 全防守战术

这是一般球队较少采用的一种战术，在对方进攻威胁性不大，本方基本技术熟练、防守能力很强、队员脚上基本功比较过硬时采用，也可以不拦网，所以被称为全防守战术。

第八章

冰雪运动

第一节　速度滑冰

一、速度滑冰简介

速度滑冰（Speed Skating）是一项在 400 米赛道（见图 8-1-1）上较量滑行速度的冰上体育运动，从事速滑运动有助于增进身心健康，促进人体新陈代谢，提高心肺功能，增强防寒能力，培养坚毅顽强的意志品质。400 米赛道分内道和外道，2 人一组进行比赛，每滑一圈到达换道区时，内道起跑的运动员须换到外道滑跑，而外道运动员则须换到内道。按照国际滑冰联盟的规则规定，速滑项目分短距离、中距离、长距离和全能 4 种，每种均分男女组。

2014 年 2 月 13 日，在索契冬奥会速度滑冰女子 1000 米决赛中，中国选手张虹以 1 分14 秒 02 的成绩夺得金牌，这是中国在冬奥会历史上首枚速滑金牌，创造了历史。2018 年平昌冬奥会进行了男、女共 14 个小项的比赛。

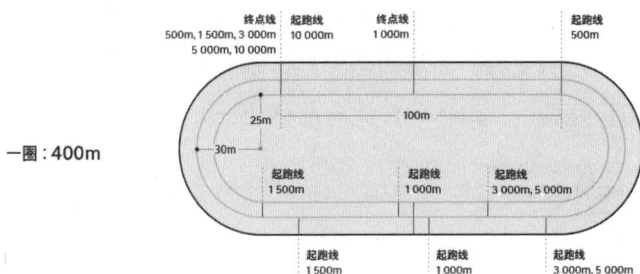

图 8-1-1

二、速度滑冰基础练习

（一）陆地模仿练习

1. 基本姿势

两腿并拢，上体前倾，双腿深蹲，双臂自然置于身后，双手身后互握，头微抬起，目视前方，听口令，反复练习。（见图 8-1-2）

图 8-1-2

2. 直道模仿

深蹲姿势，单腿侧出接后引。由深蹲姿势开始，单腿向侧后方，以最短距离侧位向后引，成单腿后引姿势，然后将腿收回并拢，两腿交叉练习。（见图 8-1-3）

图 8-1-3

【动作要领】由向后伸出右腿的深蹲姿势开始，将右腿收回至两膝靠近时，头、肩、臀同时向右倾，这时用左脚支撑，右脚内侧蹬地，随着身体向右倾倒，支撑腿蹬直，浮脚落在支撑脚的前侧方，每做一次蹬冰动作就向前移动一脚的距离。

（二）冰上基础练习

1. 熟悉冰性练习

（1）穿冰鞋做冰上站立或踏步

站立时用两冰刀支撑，两脚平行与肩同宽，两腿微屈，上体稍前倾，两臂自然下垂；身体重心左右移动，同时抬脚，反复练习。在这个动作的基础上，可做向前提膝的踏步练习。

（2）冰上移动重心和蹲起

冰上站立姿势，使两冰刀平行，身体重心交替落在左、右腿上，或用两腿控制冰刀以免前后滑动，做蹲起练习。

（3）两脚成"八"字站立，做向前的外"八"字走

在站立姿势的基础上，两冰刀成外"八"字，重心放在左腿上，随之右脚向前迈一小步，重心落在右腿上，然后左脚向上迈一小步，重心随之落在左腿上，反复练习上述动作。

2. 滑行练习

（1）单蹬双滑

右脚用内刃蹬冰，将重心移到向前滑进的左腿上，右脚蹬冰后迅速与左脚并拢成两脚正刃滑进。左右脚交替进行练习。

（2）单蹬单滑过渡到直道滑行

由外"八"字站立开始，右脚内刃蹬冰，左脚正刃向前滑出，将重心压在滑行脚上惯性滑进，反复交替练习，逐渐过渡到直道滑行。

（3）单蹬弯道

在任意半径的圆弧上做用左脚外刃支撑，右脚内刃蹬冰，身体内倾的单蹬单滑弯道练习。

（4）在圆弧上做不连续的弯道交叉步

在圆弧上直线滑行时，当左脚有稳定的平衡后，右脚冰刀向左脚左侧前迈一小步，只要右脚冰刀有一短暂滑进之后，左脚冰刀迅速从右腿后方收回，同时右脚蹬冰，左冰刀落冰向前滑进。

重复练习上述动作。最初时，可插入一两次交叉压步练习，逐渐增加，最后过渡到连续不断地交叉压步滑进。

（三）弯道模仿

从基本姿势开始，然后身体向左倾，同时右大腿抬起，右脚离地，此时左腿开始伸展蹬地，伸展的同时将右腿压过左腿，左腿伸直时右脚着地，然后收回左腿成开始姿势。这个动作可反复多次练习。（见图8-1-4）

图 8-1-4

（四）停止法

1. 内"八"字停止法

停止时，上体稍前倾，两腿微屈，两膝内扣，上体后坐，重心向下降，用两冰刀内刃压冰刀，脚跟逐渐分开，成内"八"字。

2. 内外刃停止法

两脚并拢，两冰刀平行向左（右）转体 90°，同时后坐，上体前倾，身体向左（右）倾倒，用右冰刀内刃和左冰刀外刃（或相反），逐渐用力压切冰面。

3. 右脚外刃停止法

在滑进中，身体逐渐成直立姿势，用右脚支撑，左腿抬离冰面，重心置于右腿上，此时身体与右脚冰刀同时快速向右转动，重心稍下降，身体向右侧倾，用右脚冰刀外刃压切冰面。

二、速度滑冰滑行技巧

（一）直道滑跑

直道滑跑基本技术包括七个技术细节，即滑跑姿势、蹬冰动作、收腿动作、下刀动作、惯性滑进动作、全身配合动作和摆臂动作。

1. 滑跑姿势

正确的滑跑姿势是上体前倾，肩稍高于臀部，上体与冰面成 15° ~ 30° 角；膝关节成 90° ~ 110° 角；踝关节成 50° ~ 70° 角；上体放松，两臂伸直，两手自然背后，头微抬起。在整个滑跑过程中，身体重心既不要前探，也不要后坐。（见图 8-1-5）

图 8-1-5

2. 蹬冰动作

蹬冰是推动速滑运动员向前滑跑的动力，是速滑技术的关键，蹬冰动作完成的好坏，直接影响滑跑的速度。

一次有效的蹬冰动作采用逐渐加大用力的蹬冰方法，由开始蹬冰、最大用力蹬冰和结束蹬冰三个阶段构成。

3. 收腿动作

蹬冰腿完成蹬冰动作后，抬离冰面处于支撑并使其成放松状态称为浮腿。将浮腿从蹬冰结束后的侧位拉到后位，由后位到冰刀着冰时的前位动作叫作收腿动作。

4. 下刀动作

下刀动作正确与否，直接影响滑进动作和蹬冰动作的质量。一个完整的下刀动作，是从浮腿收回靠近支撑腿的内侧开始，先用冰刀尖外刃着冰，滚动过渡到全外刃着冰，最后过渡到全正刃支撑滑进的过程。

5. 惯性滑进动作

惯性滑进动作是在另一条腿蹬冰结束后，到这条腿蹬冰开始之前，用单腿支撑身体借助惯性向前滑进的动作。

6. 全身配合动作

全身配合动作是实现正确滑跑技术和创造高速度滑跑不可缺少的重要因素，是指臀、上体和两臂等的合理协调配合。

7. 摆臂动作

在滑跑中两臂的摆动是为了增加蹬冰的力量，迅速有效地移动重心，提高滑跑的频率。摆臂的种类有两种，一种是单摆臂，另一种是双摆臂。单摆臂多用于长距离滑，在短距离和中、长距离滑的冲刺阶段多用双摆臂。

（二）弯道滑跑

弯道滑跑技术分为八个部分，即滑跑姿势、蹬冰动作、收腿动作、下刀动作、惯性滑进动作、全身配合动作、摆臂动作以及进、出弯道技术。动作的基本原理、动作的构成和直道滑跑的要求基本相同，其不同点如下。

1. 滑跑姿势

弯道滑跑中采用身体向左倾斜的姿势，这是由圆周运动的特点所决定的。身体倾斜度与弯道半径和速度有密切关系，例如，半径小、速度快，身体倾斜度就大。掌握好身体倾斜度与弯道弧度的关系，是提高弯道滑跑速度的重要因素。

2. 蹬冰动作

弯道蹬冰采用交叉步滑跑，右脚用内刃，左脚用外刃向右侧蹬冰，蹬冰方向要与蹬冰腿滑进的切线相垂直。

3. 收腿动作

弯道滑跑的收腿动作是在右腿结束蹬冰之后，右腿以大腿带动小腿，膝关节领先，与左支撑腿靠近，继续向左侧移动着冰；在浮脚准备着冰时，要使刀尖向右偏离雪线，收右腿时，要以"压收"的方法完成。"压收"就是积极、有力地摆收右腿，并与左腿形成"剪刀"内压的动作。收左腿时要用"拉收"方法，收右腿应比收左腿要快而积极。

4. 下刀动作

弯道的下刀动作很重要，出刀角的大小和惯性滑进动作的好坏，以及能否获得侧蹬冰的条件，是由下刀动作的正确与否决定的，是实现弯道侧蹬冰技术的最基本的技术。

右冰刀收回时，冰刀跟左内压，冰刀尖偏离雪线，以冰刀尖的刃开始着冰，然后滚动到全刃着冰。右腿着冰时，右小腿不要向前摆跨，保持右冰刀跟左冰刀尖的最近距离，并注意膝关节前弓，使下刀的右腿与身体成一个倾斜面；左腿下刀时贴近右腿内侧着冰，开始时左脚外刃着冰，很快滚动至全外刃着冰，冰刀尖偏离雪线，保持小腿向里倾斜并与整个身体的倾斜相一致。

5. 惯性滑进动作

弯道惯性滑进动作比直道短得多，因为弯道滑跑是在圆弧上做切线运动，所以每一个滑步都不能太长，一般占一个单步总长的1/3。弯道滑跑中，左腿支撑惯性滑进动作是以右腿结束蹬冰起，到右腿收到与左腿靠近时为止；右腿惯性滑进动作是从左腿开始收腿起，到左腿冰刀收到右腿的冰刀后方为止。

6. 全身配合动作

目前，弯道技术发展趋势之一就是尽量挖掘身体各部分的动作潜力，创造更大的向前加速度。这主要表现在摆肩动作、摆动收腿动作、摆臂动作和蹬冰动作等的配合上，即随着蹬冰动作的结束，整个身体和肩部沿着新的滑行方向做积极的移动动作，使左腿惯性滑进动作获得更大的冲滑力和稳定的动力平衡。

7. 摆臂动作

弯道摆臂同直道摆臂不同点是，臂摆到后高点时，臂位于体侧；摆向前高点时，臂可以超过身体中线。左臂主要起协调作用。（见图8-1-6）

8. 进、出弯道技术

入小弯道时，从直道入弯道的最后一步是右腿，从小弯道里侧线2～3米的地方，向弯道里深入；入大弯道时，从直弯道交接处开始，以右腿滑进，从大弯道侧线1～2米的地方向弯道里深入；出弯道时，最后一步以右腿冰刀支撑身体向前滑进，前半步在弯道区，后半步在直道区，头肩向右探，使身体紧压在右腿上。出弯道技术应有顺势脱出的特点。

图 8-1-6

第二节　滑雪运动

一、滑雪运动简介

滑雪运动是运动员把滑雪板装在靴底上，在雪地上进行速度滑行、跳跃和滑降的竞赛运动。滑雪板用木材、金属材料和塑料混合制成。

滑雪是一项动感强烈、富于刺激的体育运动。大众滑雪在选择滑雪场地时，坡度不能太陡，以6°左右最好，滑雪道要宽，50米左右为宜，要有乘坐式索道来运送滑雪者（牵引式索道不利于滑雪者休息），雪质要好，要有大型雪道机对雪面进行修整和保养。

现代滑雪运动大致可分为三种类别：阿尔卑斯山式（Alpine Skiing）、北欧式（Nordic Skiing）和自由式（Freestyle Skiing）。

1. 阿尔卑斯山式

阿尔卑斯山式滑雪是指沿雪坡滑降的滑雪运动，其名称是因滑降运动源于阿尔卑斯山，包括了各式技巧和动作，其中三种最

基本的动作：直降、横渡和转弯。

2. 北欧式滑雪

北欧式滑雪包括了越野滑雪（Cross Country Skiing）和滑雪跳跃（Ski Jumping），名称的由来是因为这种运动起源于北欧各国。越野滑雪是最大众化的滑雪方式。

3. 自由式滑雪

自由式滑雪其实就是一种特技表演，表演者从陡峭而崎岖不平的雪坡向下滑降，同时还得表演后跳、踢腿，甚至翻跟头等其他惊险的特技。

（一）雪质判断

一般来说，由于下雪时和下雪后的气象条件不同，雪质会呈现各种各样的形态。有人统计过，大自然中雪有粉状雪、片状雪、雨夹雪、易碎雪、壳状雪、浆状雪、粒状雪、泥状雪、冰状雪等。人工造的雪主要有压实的粉状雪、雪道雪等计 60 种。每种雪在滑雪板下都会使滑雪者产生不同的感受，当然对应每种雪质所使用的滑雪技巧也会不同。

在清晨时，雪质呈现冰状雪形态，表层有一层薄的硬冰壳，这种雪质的表面与滑雪板的摩擦力非常小，滑雪板无须打蜡，滑雪速度很快，滑雪者要有一定的滑行技术。

上午十点以后，随着温度的升高、阳光的照射，雪的表面慢慢融化，呈粉状雪形态，这种雪对滑雪者来说感受最好，不软不硬，滑行舒适。

下午，在阳光的照耀下和雪板的不断翻动下，雪质呈浆状雪形态，雪质发黏，摩擦力增大，初学者在这种雪质上滑雪较容易控制滑雪板。技术好的滑雪者可以在滑雪板的底面打蜡，以减小滑行阻力。

在下了新雪以后，如果不用雪道机搅拌和压实，几天后会在雪的表面形成一层硬壳。在这种雪上滑行，要求滑行者有较大的前冲力，以冲破这层雪滑行。这种雪质一般在雪道机无法到达的较高、较陡的高级滑雪道上，所以要求滑雪者有较高的技术水平才能在这种又高又陡、需要较大前冲力的雪面上滑行。

（二）路程

应仔细了解滑雪道的高度、宽度、长度、坡度以及走向。由于高山滑雪是一项处于高速运动中的体育项目，看来很远的地方一眨眼就到了眼前，滑雪者不事先了解滑雪道的状况，滑行中一旦出现意外情况，根本就来不及做出反应。

二、滑雪装备

滑雪器材主要有滑雪板、滑雪杖、滑雪靴、各种固定器、滑雪蜡、滑雪装、盔形帽、滑雪眼镜、防风镜等。通常滑雪场有器材出租，游客可以租借。

（一）滑雪板

1. 按竞技滑雪项目分有回转板、大回转板、超级大回转板、滑降板。

2. 按滑雪水平分有初学者板、中级板、高级板、竞赛板、世界杯用板等。

3. 按雪质分有适于滑硬质雪的板、适于滑粉状雪的板、适于特技的滑雪板等。

4. 按年龄、性别分有男性雪板、女性雪板、儿童雪板等。

滑雪板分单板和双板。一般滑雪板有木质、玻璃纤维和金属之分。玻璃纤维滑雪板适合任何雪质的雪地，而且不断发展，融入了很多高科技工艺，混合了木质与铝合金材质，最受滑雪者欢迎。

（二）滑雪装

滑雪装首先要考虑其防水防风雪的性能，其次是保温透气功能设计、防风裙设计、填充棉设计等，以舒适合身、不妨碍行动及尽量减少风的阻力为原则。滑雪服已经发展为时尚与功能相融合的产物，不仅仅适合滑雪穿着，平时穿也很漂亮。

（三）滑雪靴

单板和双板配合的滑雪靴是不一样的。滑雪靴一般是双层设计，包括外层固定外壳和内层保暖内里。选择的滑雪靴要使人感到既舒适又很合脚，脚趾在鞋中能活动自如，但脚掌、脚背、脚弓、脚跟应能紧紧地被裹住，外壳上的卡子要卡得恰到好处，使踝关节可以向前屈，只有这样才能控制滑雪板和滑雪速度。

（四）固定器

所有的滑雪板上都有将滑雪靴固定在其上的装置，在滑雪者跌倒时固定器会迅速松脱，是避免滑雪伤害的重要防护器具之一。

（五）滑雪杖

除跳台滑雪、空中技巧滑雪、单板滑雪外，其他项目都使用雪杖。雪杖是滑雪者控制重心必不可少的一件工具。在选择时，一般以本人手臂下垂后肘部距地面的高度作为选择滑雪杖的长度。初学者可选择长一点的雪杖，待技术提高后，再选择短一些的雪杖。雪杖上要有配带，它可套在手腕上，防止脱落。雪轮可防止雪杖在雪里插得过深，在高速滑行的瞬间提供一个稳定的支点。

（六）滑雪眼镜

滑雪眼镜不可少。雪地上阳光反射强烈，容易造成雪盲症，必须戴上雪镜来保护眼睛。镜架以塑胶制品较为安全，镜片颜色以黄色或茶色为佳。初学者可使用 TPU 材质的镜框和抗冲击的 PC 镜片，能够起防雾保暖的作用，适合男女成人、儿童使用。

三、滑雪需锻炼的部位

（一）腹部

腹部是身体的核心肌肉群，是人体上半身和下半身的枢纽部位，做任何事情都需要用腹部的力量，滑雪也不例外。

（二）大腿

滑雪对腿部力量要求高，滑行时有 80% 的力量靠大腿，主要是保持身体的平衡和整个运动的力量。

（三）手臂

滑雪仗起到在运动中平衡身体的作用，而使雪仗发力的是双臂，用手臂的力量来推动身体前行，所以手臂的力量也非常重要。

（四）臀部

在滑雪运动中，主要的重心都是在下半身，尤其是臀部，有力量的臀部可保持身体的稳定。

（五）小腿

剩下 20% 的力量来自小腿，主要是用于"刹车"。如果小腿力量不够，碰到需要"刹车"的情况，可能会导致小腿抽筋。

四、滑雪的技术方法

（一）缓坡上的滑行

1. 雪上行走

穿上雪鞋、固定好雪板后，首先应该进行雪上行走的练习。这里所说的雪上行走是指如同走路一样。但雪板不离雪而是用板底擦雪面向前滑走，给人的感觉应是边走、边滑、边用雪杖支撑着前进。

【动作要领】

雪上行走时上体直立稍前倾，重心适当前移。雪板底不离雪面，边支撑、边滑边走，用雪杖支撑时不是双杖同时推进，而是依次用如同摆臂动作相仿的雪杖支撑推动。杖尖支撑雪面的位置应是在平行于对侧脚的后跟部位，向前迈脚时重心要随之前移。

2. 推进滑行

推进滑行既可在平地也可在缓坡上进行。推进滑行时双板平行稍分开，稍屈膝，用双雪杖同时支撑前进。

【动作要领】

（1）保持微屈膝，上体前倾，双雪杖同时向前摆动，雪杖尖在身体前方着雪。

（2）膝与上体加大前倾，双臂用力向后用雪杖支撑。

（3）雪杖充分后撑，肘臂伸直，重心下降，保持滑行姿势滑进。

（4）收雪杖时重心升起，准备第二次撑杖。

3. 蹬冰式滑行

通过前两项的练习，对雪上行动有了一定的了解和感受后，可以学习一种常用的滑雪基础技术，即蹬冰式滑行技术。

【动作要领】

（1）上体稍前倾，膝关节微屈，双板平行与肩同宽，两臂自然弯曲，杖尖在身体侧后方。

（2）左侧板与前进方向成 45° 角，大腿用力向侧后方蹬出。

（3）左脚蹬伸结束后，雪板抬离雪面，重心落在右侧腿上向前方滑行，同时将左脚收回。

（4）右侧脚蹬伸时，动作与左侧脚相同。

注意练习该技术时，重心一定要落在蹬动脚上，然后随着向侧后方的蹬伸，重心逐渐移动到另一侧腿上。

（二）登坡

登坡是指滑雪者穿着雪板登上山坡的技术动作，应根据技术水平、雪质、坡度的大小和滑雪者自身情况的不同而采用不同的登坡方法。

登坡从雪痕上可以分为直登坡、斜登坡和"之"字形登坡。

登坡时从雪板的形状上又可分为双板平行（阶梯式登坡）和雪板呈"八"字形登坡（开脚登坡）。

1. 双板平行登坡（阶梯式登坡）

双板平行登坡可适用于各种坡面，登坡者侧对垂直落下线，一边用雪杖协助一边蹬坡。双板平行登坡可直登坡也可斜登坡。

【动作要领】

（1）登坡时，向上迈出的板步幅不要太大。迈动时保持双板平行，重心随之向上移动，可用雪杖协助支撑。

（2）用山上侧板外刃刻住雪面后，重心全部移到山上侧腿上。接着山下侧腿向山上侧腿靠拢，并用内刃刻住雪面。

（3）山下侧板内刃刻住雪面后，再进行第二步的登行。

2. "八" 字形登坡

"八" 字形登坡一般用于缓坡、中坡，登坡者面对登坡方向，垂直向上登行。

【动作要领】

面对山坡，用两板内刃刻住雪面，身体前倾，向前上方依次迈出雪板。步子不宜过大，防止板尾交叉。迈出侧雪板时雪杖协助支撑，可用手握住雪杖握把的头，手脚及重心配合一致。在向上登坡时重要的是板内刃刻住雪面和重心的移动。

（三）原地变向

原地变向是指滑雪者在平地或坡面上处于静止状态时改变方向。初学者只有掌握了原地改变方向之后，才能比较自如地进行各种练习。原地改变方向的方法很多，既有板尾、板尖依次移动展开，逐步改变方向的方法，也有一次能完成较大角度的变向，还有原地跳跃变向。在这里主要介绍一下板尾、板尖依次移动改变方向和180°变向的方法。

1. 板尖、尾展开变向

板尖展开变向和板尾展开变向运用于较平坦的雪面。这两种变向方法很相近，也被称为原地踏步变向。

【动作要领】

无论板尖展开变向还是板尾展开变向都要注意雪杖的位置，板尖展开变向时雪杖支撑位置应在体后，而板尾展开变向时雪杖支撑位置应在体前。雪板展开距离不宜过大，应随着对雪板的适应逐渐加大展开的距离。在展开雪板时，体重要明显地放在支撑腿上，重心的移动要快。

2. 180° 变向

该变向多用于中坡、陡坡，因一次变向可转180°，所以该技术具有相当的实用价值。180°变向的特点是变向速度快。

该变向动作还可分为前转180°变向和后转180°变向。把前转180°变向动作由结束部分依次向开始部分相反进行，即为后转180°变向。下面介绍一下前转180°变向的动作。

【动作要领】

（1）双板平行站立，两杖在体前支撑。

（2）右腿支撑体重，左板向前抬起直立，双杖在体侧支撑。

（3）上体左转的同时，直立的左板以板尾为中心向左侧下方转并着地。

（4）在放左板的同时，左雪杖移至右板外侧支撑。

（5）重心移至左腿，右板和右雪杖抬起，移至与左板平行于同一方向。

（6）两雪杖支撑在体前侧。

（四）停止法

初学者在坡上滑下一般都可能是越滑越快，若坡下是平地或是上坡，对初学者都是最理想的场地。即使是较理想的场地，有时也可能会发生突发事件，此时则要求滑雪者必须立即停止滑行。因此，掌握了停止方法对保证自己或是他人的安全、增强对雪板的控制能力、学习其他技术动作都是有益的。

从山上向下滑的关键是保持平衡，停止的方法实际上是通过增大雪板与雪的摩擦力来对速度进行控制，直至停止。减速或停止是使雪板与前进方向成一定的角度或完全横对前进方向的同时，通过增大立刃的程度来加大摩擦力来完成。

停止的方法有很多，下面介绍一种非常简单的犁式停止法。

【动作要领】

（1）在滑降中使雪板呈犁式状态。

（2）重心稍后移，形成稍后坐姿势的同时两板板尾蹬开，加大立刃，两板内刃逐渐加大刮雪力量。

（3）逐渐加大板尾向外侧的立刃和蹬出力量，直至停止。

第三节 冰 球

一、冰球简介

冰球（Ice Hockey），亦称"冰上曲棍球"。冰球运动是多变的滑冰技艺和敏捷娴熟的曲棍球技艺相结合，对抗性较强的集体冰上运动项目之一，也是冬季奥运会正式比赛项目。运动员穿着冰鞋，手拿冰杆滑行拼抢击球。球一般用硬橡胶制成，厚2.54厘米，直径7.62厘米，球重为156～170克。比赛时每队上场6人，前锋3人，后卫2人，守门员1人。运动员用冰杆将球击入对方球门，以多者为胜。

第一支职业冰球球队——蒂湖队，是在美国密歇根州成立的。1904年美国成立了国际职业冰球联盟。1908年，欧洲成立国际业余

冰球联合会，此联合会的首次比赛同年在苏格兰格拉斯哥举行，英国、波希米亚、瑞士、法国和比利时为最初的五个会员国。1917 年，加拿大成立了国家冰球联盟。

二、冰球基本装备

冰球运动员的用具包括冰球鞋、冰球刀、护具、冰球杆等。

（一）冰球鞋

冰球鞋为高腰型，鞋头、鞋帮、两踝、后跟等外层均为硬质。前面的长鞋舌加上硬实的高腰，可将腿踝箍紧，帮助运动员支持和用力。冰球鞋原为优质牛皮缝制，20 世纪 60—70 年代出现全塑料模压鞋。现国际上多用尼龙纤维鞋帮、塑料底的冰球鞋。这种鞋比皮制鞋轻，坚硬、耐湿，适合室内冰场使用。

（二）球刀

冰球刀原为铁托钢刃，现多采用全塑刀托，优质合金钢刀刃，具有质量轻、抗击打、不易生锈等优点。冰球刀刀身高而短，弧度大，刀刃较厚。刀身高，在运动员急转弯冰刀倾斜时也不会使鞋触及冰面；刀身弧度大，和冰面接触面积小，可以灵活地滑跑和改变方向；刀刃厚，可抗打击而不弯；刀刃带有浅沟可使其锋利持久。守门员冰鞋在鞋的四周包有特殊加厚的硬皮革，以抗球击打，保护脚部。守门员冰刀与运动员冰刀有较大区别，它全为金属制做，刀身矮而平，刀刃与刀托有多处连接以防漏球。

（三）护具

为防止在紧张激烈的对抗中受伤，冰球运动员全身穿戴护具。护具包括头盔、面罩、护肩、护胸、护腰、护身、护肘、手套、裤衩、护腿、护踝等。现代冰球护具多采用轻体硬质塑料外壳，内衬海绵或泡沫塑料软垫。守门员戴有特制的面罩、手套，加厚的护胸及加厚加宽的护腿。

（四）球杆

冰球杆用木质材料制成，从根部至杆柄端不能长于 147 厘米。杆刃不得长于 32 厘米，宽为 5～7.5 厘米。守门员球杆杆柄的加宽部分从根部向上不得长于 71 厘米，不宽于 9 厘米；杆刃长不超过 39 厘米，宽不超过 9 厘米。为了减轻重量现已有碳素材料所制的球杆，在长宽不变的情况下重量减轻，更容易让选手发挥。

参考文献

[1]庄静，段全伟，王佳，等．大学体育教程［M］．北京：清华大学出版社，2018.

[2]贡建伟．大学体育与健康教程［M］．北京：科学出版社，2017.

[3]梁培根．高职体育［M］.南京：河海大学出版社，2011.

[4]董青，王洋．大学体育理论与实践教程［M］．3 版．北京：对外经贸大学出版社，2017.

[5]彭雪涵.大学体育［M］.北京：高等教育出版社，2014.

[6]李相如．休闲体育项目概论［M］.北京：人民体育出版社，2012.

[7]王广兰，汪学红.体育保健学［M］.武汉：华中科技大学出版社，2015.

[8]曹竟成，倪莉.大学生体育与健康促进［M］.杭州：浙江大学出版社，2013.

[9]程明吉，解煜．大学体育教育理论知识与运动实践研究［M］．长春：吉林大学出版社，2017.